一本书讲透 IT 售前

IT PRE-SALES
EXPLAINED
IN JUST ONE
BOOK

蒋珍波 著

机械工业出版社
CHINA MACHINE PRESS

图书在版编目（CIP）数据

一本书讲透 IT 售前 / 蒋珍波著 . —北京：机械工业出版社，2023.3
ISBN 978-7-111-72622-7

I. ①一… II. ①蒋… III. ①高技术产品 – 市场营销学 IV. ① F764

中国国家版本馆 CIP 数据核字（2023）第 026090 号

机械工业出版社（北京市西城区百万庄大街 22 号　邮政编码：100037）
策划编辑：杨福川　　　　　　责任编辑：杨福川　陈　洁
责任校对：贾海霞　张　薇　责任印制：张　博
保定市中画美凯印刷有限公司印刷
2023 年 4 月第 1 版第 1 次印刷
170mm×230mm・16.25 印张・262 千字
标准书号：ISBN 978-7-111-72622-7
定价：99.00 元

电话服务　　　　　　　　　　网络服务
客服电话：010-88361066　　　机　工　官　网：www.cmpbook.com
　　　　　010-88379833　　　机　工　官　博：weibo.com/cmp1952
　　　　　010-68326294　　　金　书　网：www.golden-book.com
封底无防伪标均为盗版　　　机工教育服务网：www.cmpedu.com

前言

为什么要写这本书

大约十年前,我在华东某市出差,带领一个项目组为某国企实施一个大数据项目。某天深夜下班后,我一个人坐在还没打烊的麦当劳里,要了甜品,庆祝自己的生日。突然间,我意识到自己已经跨入了而立之年。在 IT 职场上,过了 30 岁意味着什么,几乎每个 IT 人心里都清楚。我不由得开始思考自己未来几年的职业规划,并在纸上写下几个选择:

- 继续做项目经理。
- 往技术深度上转型,成为大数据或者算法专家。
- 往上走,做技术管理。
- 转型做产品经理。
- 转型做售前。
- 准备转行,几年后离开 IT 行业。

每一种选择都有其优点和缺憾,身边都能找到成功和失败的例子。但冥冥之中有一种声音在呼唤我:既然思维、写作和表达能力是我的强项,那么……最终,我遵循了自己内心的声音。第二个月,在领导来现场看望大家的时候,我和他谈了自己的想法。领导支持我的决定,但让我自己考虑清楚后再做出最终选择。两个月后,项目成功验收上线。我回到公司,再次和领导详谈了一次我的想法。此后,我成为一名售前。但当时,摆在我面前的是一片空白,没有学习材料,更不用提相关书籍了。我在公司里拜了一位老师,开始从他那里不断地虚心请教。

时光荏苒，十年过去了，我从一名初级售前成长为团队的管理者。回想起这些年来做售前的经历，那些并肩战斗的小伙伴，那些认可或拒绝我的客户，那些帮助我成长的领导，那一本本厚厚的标书和一帧帧绞尽脑汁创作出来的PPT，客户会议室里那一场场热烈的讨论……都历历在目。这些历练给了我很多感受和值得总结的教训与经验。前几年，当我自己开始带领一支售前团队时，我试着观察团队里的每一位同事，和他们一起加班写方案、做标书，与他们一起去拜访客户，和他们沟通工作中的收获与疑惑。我从每个人的身上都感受和学习到不同的品质。正是这些观察、感受、学习和总结，再加上写作和分享的愿望，才有了现在摆在读者面前的这本书。

IT行业的变化是非常迅速的，各种新技术、新产品、新观念、新的业务模式层出不穷，不仅是我们，客户也在不断地学习进步，因此我们注定要终身学习。而在这其中，IT技术起到了一个关键的牵引作用。不信你想想，在十年后，是不是每个人都得懂一点大数据和人工智能，都得懂一点虚拟现实和增强现实，都得懂一点自动驾驶……否则就很难融入这个世界。的确，IT行业正在引领一场席卷世界的学习革命。而我们这些IT行业里的从业人员，不过是稍稍走在前面一点罢了。

正是这种被技术进步的"鞭子"不断抽打着前进的压力和动力，导致了IT职场是热闹的，同时也是残酷的。似乎我们一旦停止学习、停止向前，马上就要被时代进步的列车抛弃，再也追不上。IT职场的门口就像立了一道旋转门，门外的人不断进去，门里被淘汰的人不断被转出来。

但真的是这样吗？我们有没有更好的选择？有没有办法让我们在IT职场里多待几年，甚至十几年，让我们有机会为这个行业做出更多的贡献？答案是有的。售前这个岗位为许多IT职场人提供了一种新的选择——你不需要成为某一方面的资深专家，也不需要成为中高层管理者，依然可以在IT职场上发挥自己的作用，源源不断地为公司和客户创造价值，从而获得生存的空间。

读者需要特别注意的是，在业内，"售前"这个词有两种用法：第一种指的是售前这个岗位，指的是人，比方说"招一个售前"，这里指的是招聘一个售前人员，如售前工程师；第二种指的是售前工作内容，比方说"售前一共可以分为六个阶段"，这里指的是售前工作。在本书中，遵循行业惯例，在使用这个词语的时候并不特别区分这两种用法，读者根据上下文即可理解。

售前这个岗位并非"避难所"，也不是在其他岗位上混不下去的职场人的一个"低配版"的选择。实际上，售前岗位对人的要求是非常全面的，可以说是IT行业所有岗位中对人的素质要求最全面的岗位。如果你不理解这一点，仅仅是在感到失落与无助时，感到无路可走时，才想转到售前去逃避之前工作中的困难，那么你注定无法成为一名优秀的售前，无法体会到这个岗位带给你的快乐和自身价值的提升。

售前这个岗位，正在吸引越来越多的优秀人才，他们搭建起IT公司与客户之间沟通的桥梁，把专业的技术用生动的语言表达出来，让客户享受到有价值的产品和服务，同时也为自己所在的公司创造着价值。

简单的语言很难概括售前的方方面面。售前究竟是做什么的，需要什么样的能力和素质，平时的工作内容有哪些，如何规划自己的职业生涯，如何才能成为一名优秀的售前，怎样才能源源不断地为公司和客户创造价值……所有这一切，你在本书里都能找到答案。

读者对象

本书适合以下读者阅读：

- 刚踏入门槛的初级售前。这部分读者可以通过本书找准自己的差距，尽早科学地规划职业发展。
- 有一定经验的中级和高级售前。这部分读者可以将本书作为日常工作的参考书，同时也可以感受和学习其他优秀售前的工作方式。毕竟每个人的特点都不一样，"尺有所短，寸有所长；物有所不足，智有所不明"，榜样是自己最好的镜子。

- 希望转到售前岗位上的 IT 从业人员。这部分读者在转岗前，读读这本书，可以"窥一斑而知全豹"，了解售前这个岗位的要求、工作内容、职业发展等，从而更准确地评估自己的潜质。
- 项目经理等 IT 实施人员。售前与项目经理这一对"冤家"的相互"甩锅"，是 IT 企业中一个几乎永恒的话题。项目实施人员如果了解售前的工作思路，可以站在售前的角度看问题，减少误解。
- IT 销售。售前和销售亦师亦友亦敌，双方能力强大又能配合默契的话，可以在市场上所向披靡，但是如果两个人心生嫌隙，便很难再重新相互信任，对于公司来说，也是 1+1<2 的资源浪费。售前和销售特别需要站在对方的立场看待问题，减少冲突。因此，IT 销售应该读读这本书。
- 即将毕业的计算机专业的学生。如果你是即将毕业的计算机专业的大学生，你至少要知道毕业后并不是只有写代码一条路可选，多了解点这个行业里的其他岗位，对于自己的职业发展有益无害。
- 其他对售前岗位感兴趣的人员。

如何阅读本书

本书分为两篇：

售前工作篇，系统地介绍了售前的定义、需要的能力、具备的特征，如何才能成为合格的售前，售前工作中如何准确地挖掘客户的需求，如何进行方案创作，怎样做好技术交流，如何顺利地通过 PoC（Proof of Concept，概念验证），以及投标过程中需要注意什么。

职业规划篇，讲解了售前如何最大化产出，如何顺利地从其他技术岗转到售前，售前如何规划职业发展，咨询顾问和售前之间有什么差异，如何保持终身学习的习惯，最后阐述了售前工作中常遇到的"坑"以及该如何避开这些"坑"。

对于大部分读者，建议按照顺序阅读本书，但对于经验丰富的资深售前，可以只阅读自己感兴趣的部分。

勘误和支持

由于作者水平有限，书中难免会出现一些错误或者不准确的地方，恳请读者批评指正。如果你想进一步学习，欢迎加入知识星球"IT售前大本营"（星球号：46651559），可获得持续的知识服务，结识更多行业资深专家，并与作者直接沟通交流。

致谢

首先要感谢我的女儿程程，在她的不断"督促"下我才能完成本书。她小小年纪便在外地求学，每次见面都会问我："爸爸，我什么时候能读到你写的书？"

感谢家人对我的宽容和支持，让我这些年可以心无旁骛地发展事业。

感谢在我的职业生涯中遇到的所有客户、领导和同事，感谢他们对我的长期帮助。没有他们的提点，我无法成长。尤其是我的老板郑志松先生，他常常悉心指点我，对我的成长有极大的促进作用。

感谢吴柏臣老师，他写的《商战往事》非常精彩，他主持的售前系列课程"新售前屠龙刀"也给予我许多启发。

谨以此书献给众多热爱售前、从事售前工作的朋友们！

目录

前言

引子   001

售前工作篇

第 1 章   售前到底是做什么的   012
    1.1   为什么 IT 行业需要售前   013
    1.2   售前的定义和分类   018
    1.3   售前的第一要义   021
    1.4   售前平时都做些什么   022
    1.5   售前的定位   025
    1.6   售前最重要的特征   026
    1.7   售前最重要的能力   026
    1.8   售前面临的最大挑战   030
    1.9   售前和其他职位的关系   033
        1.9.1   售前和项目经理的关系   033
        1.9.2   售前和销售的关系   034

1.9.3　售前和需求分析师的关系　039

  1.9.4　售前和产品研发的关系　040

 1.10　本章小结　041

第 2 章　如何成为合格的售前　042

 2.1　冰山模型　042

 2.2　售前应该是 π 型人才　046

 2.3　售前应具备的知识和能力　047

  2.3.1　技术能力　048

  2.3.2　业务能力　051

  2.3.3　学习、思考、写作与表达能力　052

  2.3.4　资源整合能力　057

  2.3.5　认知与决策能力　059

  2.3.6　形象管理能力　064

 2.4　本章小结　066

第 3 章　售前全流程　067

 3.1　售前的 6 个阶段　069

 3.2　全程把控节奏　074

 3.3　本章小结　075

第 4 章　赛道的选择　076

 4.1　企业客户　077

 4.2　政府客户　081

 4.3　本章小结　085

第 5 章　如何挖掘客户的需求　　086

- 5.1　决策链管理　　087
- 5.2　关键人在想什么　　091
- 5.3　学会分辨 4 种不同的需求　　093
- 5.4　调研　　094
- 5.5　需求挖掘　　095
  - 5.5.1　用户访谈　　095
  - 5.5.2　用户场景　　097
  - 5.5.3　挖掘隐藏的需求　　098
- 5.6　确认需求和挖掘需求同样重要　　100
- 5.7　需求如何与产品和解决方案结合　　101
- 5.8　本章小结　　102

第 6 章　如何做好技术交流　　103

- 6.1　前奏：成功的关键在于准备　　105
  - 6.1.1　内容准备　　105
  - 6.1.2　形象准备　　109
  - 6.1.3　心态准备　　111
  - 6.1.4　情报准备　　112
- 6.2　高潮：交流现场需要注意什么　　115
  - 6.2.1　开场　　115
  - 6.2.2　把握好语言的尺度　　116
  - 6.2.3　做好与听众的互动　　118
  - 6.2.4　如何控制场面　　120
  - 6.2.5　拜访注意事项　　121

	6.2.6 设计你的"强力瞬间"	122
6.3	善后：交流结束不是真的结束	123
	6.3.1 每次交流都需要把事情往前推进一步	123
	6.3.2 拜访后及时反馈	124
	6.3.3 复盘是进步的阶梯	125
6.4	本章小结	126

第 7 章　如何顺利地通过 PoC　127

7.1	什么情况下需要 PoC	128
7.2	一个典型的 PoC 场景	129
7.3	PoC 的流程	130
7.4	如何保障 PoC 的质量	133
7.5	本章小结	134

第 8 章　正面较量：招投标　136

8.1	认识招投标	136
	8.1.1 招投标基本概念	136
	8.1.2 招标的分类	138
	8.1.3 废标与无效投标	140
	8.1.4 认识电子招投标	141
	8.1.5 EPC 模式	144
	8.1.6 了解招投标中的不规范行为	145
8.2	一步不慎，全盘皆输	147
8.3	招投标流程	148
	8.3.1 成立投标虚拟组织	150
	8.3.2 资格预审	151

	8.3.3 购买招标文件	152
	8.3.4 分析招标文件	153
	8.3.5 询问、质疑与投诉	155
	8.3.6 准备标书	156
	8.3.7 讲标	158
8.4	成功或者失败	161
8.5	本章小结	163

职业规划篇

第 9 章 如何最大化产出   166

9.1 无处不在的二八法则   166
9.2 客户分级和资源分配   167
9.3 学会说不   168
9.4 打造自己的武器库   171
9.5 本章小结   172

第 10 章 如何从其他技术岗转到售前   173

10.1 一般技术岗和售前岗的区别   174
10.2 公司需要什么样的人来做售前   174
10.3 判断自己是否适合做售前   175
     10.3.1 问自己几个问题   176
     10.3.2 使用 SWOT 分析   177
     10.3.3 摆脱路径依赖   178
10.4 分析招聘需求   180
10.5 面试注意事项   184

10.6	职业选择	189
10.7	本章小结	192

第 11 章　售前如何规划职业发展　　194

11.1	避免陷入事业的停滞期	194
11.2	售前的收入	195
11.3	售前成长之路	197
11.4	如何突破成长的瓶颈	201
11.5	如何避免被边缘化	202
11.6	业务，业务，还是业务	204
	11.6.1　你懂客户，客户才愿意去懂你	204
	11.6.2　比客户更懂客户的业务	205
	11.6.3　如何快速地了解一个行业	206
	11.6.4　如何快速地了解一家企业的业务	208
	11.6.5　如何快速地了解一个政府部门的业务	209
11.7	售前如何写年终总结	210
11.8	本章小结	212

第 12 章　咨询顾问与售前　　213

12.1	咨询顾问的分类和工作内容	213
12.2	咨询顾问与售前的区别	215
12.3	如何顺利地从售前转到咨询顾问	216
12.4	独立顾问是个什么职业	216
12.5	本章小结	217

第 13 章　售前需要终身学习　　218

13.1	大数据	218

13.2　人工智能　　　　　　　　　　　　　　　　221
　　13.3　云原生　　　　　　　　　　　　　　　　　222
　　13.4　DevOps　　　　　　　　　　　　　　　　224
　　13.5　AIoT　　　　　　　　　　　　　　　　　　225
　　13.6　数字孪生　　　　　　　　　　　　　　　　226
　　13.7　智慧城市　　　　　　　　　　　　　　　　228
　　13.8　区块链　　　　　　　　　　　　　　　　　230
　　13.9　零信任　　　　　　　　　　　　　　　　　233
　　13.10　低代码　　　　　　　　　　　　　　　　 234
　　13.11　本章小结　　　　　　　　　　　　　　　 235

第 14 章　售前工作中常见的误解　　　　　　　　236

　　14.1　唯技术论　　　　　　　　　　　　　　　　236
　　14.2　老板说：没有一家公司是在产品完全成熟之后才开始销售　　237
　　14.3　客户说：请尽快给我一份方案　　　　　　　239
　　14.4　合作伙伴说：我这里有一单两个亿的大生意　　240
　　14.5　变身甲方的诱惑　　　　　　　　　　　　　241
　　14.6　只要能拿单，牛皮吹破天　　　　　　　　　242
　　14.7　售前和销售不离不弃　　　　　　　　　　　242
　　14.8　客户是我哥们　　　　　　　　　　　　　　243
　　14.9　本章小结　　　　　　　　　　　　　　　　244

后记　　　　　　　　　　　　　　　　　　　　　　245

引 子

在工厂售前领域,有刚入行的初学者,也有资质一般的普通人,还有经验丰富的高手。下面通过 3 个小故事来一窥这个领域的些许真容。

✱✱✱✱✱

小王今年 27 岁,从计算机专业毕业已经 4 年了,中间换了两次工作,但一直没有脱离 IT 行业,且一直都在写代码,现在是公司的一位产品研发工程师。小王认为自己技术能力尚可,能按时完成上级下达的任务,能自觉地保证代码的质量,避免不必要的 bug,不给领导和同事添麻烦。

但小王觉得自己毕业这些年来,技术水平进步不明显,写出来的代码远远谈不上优雅,离优秀工程师的水平还差得比较远。他羡慕那些能把十行代码浓缩成一行的高手,羡慕那些经常为开源社区做出贡献的"大神"。小王相信世上有人真能把代码写得像诗歌一样优美,但是知道自己永远成不了一位"诗人"。

不过小王最大的优点是善于沟通。可以说,他给人的印象,和人们眼里比较闷的"码农"形象有比较大的差异。每次项目组开会的时候,他都能把自己负责的那部分工作讲得清清楚楚:做了什么工作,取得了哪些成绩,下一步的计划是什么,哪些地方需要领导支持,什么地方需要和其他项目组配合,如何更好地推进与外部的合作,等等。平时部门主管需要和其他部门开会的时候,也喜欢带着他一起。在领导眼里,小王是那种"拎得清"的员工,是值得培养的后备干部。

小王是个有追求的人,他认为自己的职业生涯还很漫长。他最近一直在想一件事情:写代码对于自己来说虽然是轻车熟路,可是以自己的水平和进步的速度,很难成为这一行的顶尖高手——代码可以写,但是不太可能一辈子写下去。是不是该考虑换个岗位?可是做什么事情适合自己呢?

转销售业绩压力太大,自己的人脉资源不足,现在未必能扛得住那么大的压力。

转运营的话,普遍是重复性的支撑型工作,个人不喜欢。

测试岗位的工作太平淡了,且现在绝大部分测试工作都已经自动化了,不会考虑。

转管理倒是一条路,领导也比较认可小王,可是目前手里没有能拿得出手的成绩,如何往上走,况且要等到什么时候自己的领导才能再上一个台阶,把位置腾出来呢?

开启自己未来职业生涯的钥匙(图1),究竟是哪一把呢?

图1 开启职业生涯的钥匙

有一天下午,小王从解决方案部的会议室门口经过。往里面瞄了几眼,看见几个人正在开会,讨论一个重要项目投标的事情。小王对这个项目略有耳闻,知道这是一个千万级的大项目,直接决定了全公司第三季度的业绩。他正准备走开,被里面一个熟悉的同事叫进去,确认一个产品功能公司是否能满足,虽然这个功能不是小王负责开发的，但小王还是很熟悉自家公司产品的，他从底层架构，讲到实现的技术细节，再讲到与市场上同类产品的功能和性能差异，逻辑清晰，一气呵成。小王一讲完，下面就有人鼓掌，解决方案部的负责人站起来，拉着小王的手半开玩笑地说："小王，不如来我这儿上班吧，我现在是求贤若渴啊！"小王客气了两句，然后转身出来。但走出会议室的瞬间，他的脑海里浮现出一个念头：是否能转岗去做售前？

售前经常出差，适合小王喜欢新鲜的生活追求。

售前需要经常和客户打交道，要能说会道，说出来的话要让客户信服，小王觉得这正好是自己擅长的。

售前需要写大量文档，这方面小王积累不多，但他觉得自己可以学习。

售前需要懂技术、懂产品，小王觉得自己肯定没问题，比现在解决方案部的大部分同事都要强。

公司的解决方案部刚刚成立，老板说了，鼓励大家转岗，一年内售前岗位先不设市场 KPI，正好适合过渡。

……

想到这里，小王差点笑出了声。但转岗不是一件小事，小王足足思考了两个月，最后才下定了决心。小王决定等春节假期过完，就去和主管谈，申请在公司内部转到售前岗。为了准备这次转型，小王开始找相关的书籍和资料来看。

小王能转型成功吗？他还需要掌握哪些售前知识，做好哪些准备，积累哪些经验，才能顺利地从产品研发过渡到售前岗呢？

※※※※※

小董今年已经 30 岁了，一年前他刚刚从项目经理转到售前。虽然已经在职场浸染多年，但因为是中途转岗，也只能说是一名初级售前。这段时间小董很忙，他一个人要支持三位销售，每天见不完的客户，讲不完的PPT，写不完的文档，开不完的会，还要不停地回复客户在微信群里提的问题。苦也苦了，累也累了，如果能有好的结果，能获得同事和客户的认可那也好说，可是他支持的三个销售对他都不满，最近半年，他负责的所有项目中也只落地了一个不痛不痒的小单子。因为遇到大客户、大单子，领导通常会让更加资深的售前去跟。这让小董很尴尬，却无可奈何，谁叫自己确实技不如人呢。

小董的尴尬不仅因为自己的工作表现，更因为他的年龄。在公司的解决方案部门，像他这个岁数的人，都做到中级或以上了，而小董呢，8月份的晋升答辩，因为缺乏信心，他还没有决定要不要去申请，该不该申请。

夜深人静的时候，小董也在反思自己到底哪里出了问题。之前做项目经理的时候，他认为工作事项太细、太杂，压力太大——项目失败了全是自己的"锅"，所以才从内部转岗到售前。他知道自己的短处，售前经验少，遇到不太懂的客户还好说，遇到精通技术和业务的行业专家，自己就会信心不足，客户如果问几个比较复杂的问题，就容易慌乱，回答不好，要么退缩，要么硬杠。

除了交流的短板，小董写的方案也总是被客户挑刺：要么说是针对性不强，不懂客户的业务；要么说是方案太虚，可落地性比较差；要么客户干脆说写得太专业了，看不懂。这让小董每次向客户提交方案的时候，总是很忐忑。自己的方案，无论PPT还是Word，都逻辑严谨、结构清晰，很容易就能理解，为什么总是有问题呢？别人的方案不也是同样的套路吗？为什么别人写的方案客户能认可，唯独自己的总被人挑刺呢？

才过去不到一年，有两个销售都找到小董的上级，要求换一个和他们配合的售前。小董的上级也找小董谈话，和他一起制订了为期一个季度的工作改善计划，如果达不到改善计划的要求，小董要么再转岗，要么走人。小董陷入了强烈的自我怀疑中：自己一年前从项目经理转到售前的决定真的正确吗？自己的性格、能力、经验，真的适合做售前吗（图2）？

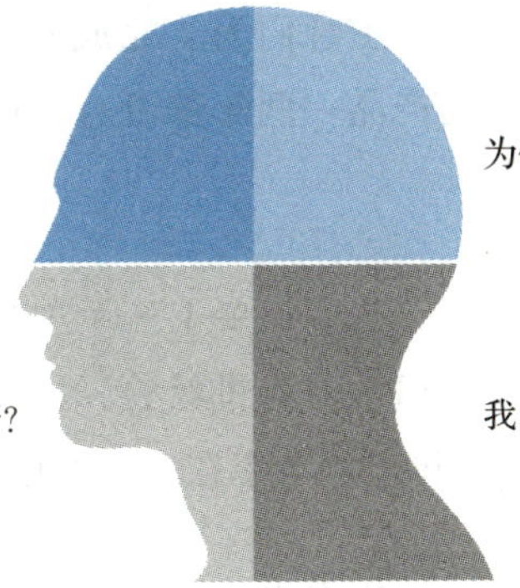

引子

为什么我的方案客户总是不满意?

为什么和销售搞不好关系?

为什么我在部门里一直得不到提升?

我当时的选择真的是对的吗?

图 2　售前职业发展路上的困惑

✳✳✳✳✳

老李今年 38 岁了,毕业已经 15 年。这十几年来,从核心开发做起,他还做过架构师、项目经理、产品经理、部门负责人等。老李现在是一名有 9 年多经验的售前。他粗略算了一下,由他主导和参与的项目签单不少于 1 亿元,给公司贡献的毛利不低于 2000 万元,更是为公司带来了数家长期合作的忠诚的大客户。老李跟着这家公司的董事长一起创业,把公司从 0 做到 1 再做到 100,与公司一起成长,他是这家公司最早的十几位员工之一,是当之无愧的"功勋元老"。

但老李从不倚老卖老。他平时很注重自己的职业形象,再加上他本身长得气宇轩昂,身高 1.78m 镜片后面有一双充满智慧的眼睛,一看就是令人信服的专家。他一直没有退出一线工作,会带着刚进入公司的销售去拜访客户,很认真地聆听客户的诉求,轮到自己说话的时候,语速不疾不徐,却总能说到点子上,能够让客户产生共鸣。他在公司里深受信任,销售都喜欢跟他出去,董事长也很器重他,安排他做解决方案部门的负责人。

但老李的事业似乎遇到了瓶颈——

老李所在的公司做的是传统的制造业信息化,这两年行业里的几家大厂的市场策略下沉,产品价格压得很低,导致老李的公司也不得不跟着压价。公司每个部门都有严格的KPI，主管们为了完成KPI，几乎把所有的人员都投入一线，导致公司几个主要的产品一两年都没有大的更新了，市场竞争力在逐渐下降。

现在的客户也很专业。有些客户要上一个项目，会把行业里几乎所有的供应商都找来聊一聊，美其名曰学习先进经验。所以很多客户的见识并不比售前少，对竞品的了解甚至超过售前。老李在客户那里也要打起十二分的精神。

公司的市场压力大，这种压力也传递到了内部管理上。公司之前不考核售前的签单金额，只考核销售。但是从今年年初开始，公司开始考核售前的签单了。年终奖的多少，70%看个人业绩，30%看整个公司的盈利情况。公司还重新调整了人事制度，每一位市场人员都和公司签了一个"自愿对赌协议"，半年不签单的售前，和销售一样，除非能证明手里有即将签单的、很靠谱的项目，否则必须离开公司。虽然老李从不需要担心自己能不能签单，但他是团队负责人，这样的考核让团队里的每个人都感受到巨大的压力。

老李开始考虑转型。一方面是个人的转型，另一方面是团队和公司的转型。

老李也想往行业资深顾问的方向发展。这几年，企业数字化转型正在风口上，老李想做企业数字化转型方面的咨询顾问。可是这几年虽然对自家的产品了解颇多，却没有在某一个细分行业里沉淀足够深的业务和管理方面的知识，行业知识的储备略显不足。

或者往大数据、人工智能、区块链的方向发展。这倒是一个不错的选择，大数据和AI至少是未来十年的风口。老李得抓紧学习了。可是现在的工作这么忙，能抽出那么多的时间来学习吗？况且自己的年龄也大了，学习的效率不如从前。

这大半年来，老李一直在思考自己的未来（图3）。他对自己有非常清楚的认识：虽然自己是一个中层管理，但自己的年龄在IT圈子里已经比较尴尬了，不能总在舒适区待着，必须要跨出去，去挑战更适合自己未来发展的新的领域。

如果自己不主动做出调整，等待自己的就将是被动的调整。

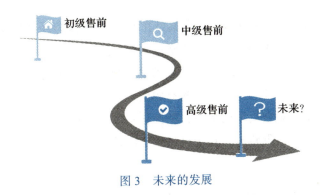

图3　未来的发展

至于公司的转型，看上去也刻不容缓，市场的竞争态势越来越严峻，业务的毛利率逐步走低，老李约了董事长，准备好好地聊一聊公司未来的方向。

这一天，老李从午睡的小憩中被吵醒，他接到了一个猎头的电话。自从年龄上了35岁，老李就比较少接到猎头电话了。老李是公司的创始合伙人之一，有股权在手，他不可能跳槽，但他这次想好好聊聊，不为别的，只是想了解一下市场行情。可没聊到五分钟，对方了解到他的工作经验和知识结构后，就客气地说了再见。

老李的嘴角掠过一丝不易觉察的苦笑。他决定出去买杯咖啡，在软件园后面的小花园里一个人走走。

※※※※※

小王、小董和老李，他们一个准备转型售前，一个是有一年经验的售前，还有一个是有丰富经验的售前兼解决方案部门负责人。他们看似有着不同的烦恼，这些挑战却又包含着一些共同点。首先我们可以推测，这三个人都不是笨人，因为他们能够在脑力要求高、工作压力大，尤其是对持续学习能力要求非常高的IT行业生存下来，就已经证明了自己。其次，他们不光聪明，而且在工作中付出了巨大的努力。既聪明又努力，他们理应获得公司和客户的认可，同时获得丰厚的回报，他们的前途应该是一片光明。但是——

聪明和努力并不能确保成功，尤其是在 IT 行业。这个行业里到处都是既聪明又努力的人，但并不是每个人都能坚持到最后。IT 职场既充满诱惑，同时也遍布荆棘，IT 人都面临着无形却又严酷的筛选机制——在高薪的掩盖下，是外行人看不到的巨大的压力。一个人光有聪明，并且埋头苦干是不够的，他还必须抬头看天，不断观察周围的形势，把握住一些关键机会，做出关键决策，才能一路乘风破浪、披荆斩棘，到达自己想要的彼岸，否则就可能面临中途被迫"下船"的命运。

常见的筛选维度有知识结构、工作能力、身体状况、精力、工作经验等，除此之外，IT 职场对年龄也是很敏感的。有很多公司已经不招 35 岁以上的员工了，以至于网上有一个著名的帖子"那些被淘汰的 35 岁以上的 IT 公司员工，他们都去哪儿了"。仔细观察一下我们周围，40 岁以上还在写代码的比例，比欧美、日本、新加坡等 IT 发达的国家要少很多。过了 35 岁，很多人要么找到了上升通道，做到了管理；要么转向了销售等对年龄不怎么挑剔的岗位；要么干脆换了一个全新的行业，脱离了 IT 职场；还有的踏上了自主创业的道路。

但有一个岗位，对于年龄这个筛选维度并没有那么苛刻，那就是售前。售前这个岗位的出现，对过了一定年龄，逐渐意识到危机的 IT 人来说，又多了一个重要的职业选择。

售前，在不同的公司有多个名称：售前工程师、解决方案架构师、业务架构师，甚至有的公司直接就叫咨询顾问。十几年前，售前这个岗位还比较少见，而现在，只要是一家做 to B 或 to G 业务的公司，售前岗位几乎都是标配，且对年龄的限制没有那么苛刻。实际上，太年轻的人反而做不好售前。因为这个岗位对人的综合素质要求很高，需要多年的知识和技能积累，而刚出校门的职场人恰恰缺乏这些重要的积累。

那么，售前为什么变得越来越重要了呢？

在笔者看来有两个方面的原因：市场竞争和技术进步。一方面，市场竞争的加剧，迫切需要既懂产品、懂技术，同时又擅长沟通的复合型人才，来为客户提供更专业的服务，以建立技术层面上的信任，帮助客户找到购买的理由。另一方面，随着技术的快速进步，IT产品下面蕴含的底层技术知识越来越高深、越来越专业，普通的销售已经很难讲清楚了，所以需要一个既懂技术又懂沟通的人来给客户讲清楚产品的底层架构、特点和价值，从而促进销售。对于这两个原因，在本书的第1章中有详细的阐述。

综上所述，最近十几年来，随着市场竞争和技术进步的加剧，售前岗位的需求得到了爆发发展，市场上优秀的售前供不应求，这也给大量的技术人员提供了一个转型方向的选择。

40岁的码农不多见，40岁的售前却比比皆是。售前这个岗位为大家提供了一个在这个行业里继续奋斗下去的机会。但并不是说从其他岗位转到售前，就一马平川、万事无忧了。光有聪明和努力是不够的，还必须清楚这个岗位的特点，掌握做好售前的方法，认清自己，才能事半功倍，不断进步，长期立于不败之地，否则就可能陷入前面小董的困境。

※※※※※

本书就是为大家提供这样一个视角：售前究竟需要哪些技能；如何从普通的技术工程师成功地转型到售前；如何从一个初级售前开始，一步步成长为资深售前，最后再成长为行业专家。

本书源于笔者工作十几年来的思考和积累。

笔者拜访过数百个客户，写了数不清的方案，踩过无数的坑，也积累了一些有用的经验，帮助公司签了一些重要的合同，也丢了一些本来认为是囊中之物的单子。笔者既面试过很多售前，在工作中也作为导师，带过一些售前，看着他们从什么都不懂的"小白"变成经验丰富的"老鸟"。在公司内部，笔者经常组织大家互相学习。笔者自己平时也很注重学习，观察优秀同事的做事方式，同时在行业中寻找"大牛"，学习他们身上的独特之处，为自己所用。现在，笔者通过这本书把积累的这些经验分享出来，希望帮助售前岗位的同行，快速成长为优秀的售前。笔者相信，真正掌握一门技能的标志是能教会别人。

本书中使用的案例都是笔者真实的经历，读者可能也会发现自己工作中经常遇到类似的场景。

认真读完本书，读者可以对自己的售前水平有一个客观的评估，并且对于未来的方向有清晰的认识。读者应该更加坚定自己的发展方向，只要我们努力并且方法得当，最终将成为一名优秀的售前。

欢迎来到售前的世界。

售前工作篇

本篇系统地介绍售前工作中的方方面面，包括售前的定义、售前具备哪些特征、售前的第一要义、售前需要的能力和素质、如何才能成为合格的售前、售前工作的全流程、如何准确地挖掘客户的需求、如何进行方案创作、怎样做好技术交流、如何顺利地通过 PoC、投标过程中需要注意什么等。

读者阅读完本篇内容，应该会对售前工作有全面的认识，并熟悉覆盖售前全流程的主要技能。

| 第 1 章 |

售前到底是做什么的

当你刚毕业，准备进入 IT 行业的时候，你给自己规划的职业路径可能是：实习生—初级程序员—中级程序员—高级程序员—架构师（或项目管理）—技术管理岗（如部门负责人）—公司高管（如副总裁），等等。在这条路径上，没有售前这个岗位的位置，作为一个大学刚刚毕业、初入职场的人，你甚至可能都没有听说过还有售前这么一种职业。这不怪你，的确，在整个 IT 行业里，售前这个岗位不显山不露水，好像没有什么存在感。

但当你打开招聘网站时，又会发现越来越多的 IT 公司在招聘售前。十几年前，很多 IT 公司在市场侧只有销售，没有售前。但现在，售前正在成为每一家做 to B、to G 业务的公司的人才标配，是刚需。很难想象，一家 IT 公司没有售前，业务还能正常地开展下去。

为什么 IT 行业需要售前？售前平时到底做哪些事情？这个岗位的定位和最重要的特征是什么？这个岗位和公司里其他岗位的关系是什么？这一章主要回答这些问题。

1.1 为什么 IT 行业需要售前

首先来说一下为什么 IT 行业需要售前。讲清楚了这个问题，售前的定义也就呼之欲出了。

我们从两个角度来阐述这个问题：一是事情复杂度的角度，尤其是产品的复杂度；二是市场经济发展阶段的角度。

1. 事情复杂度的角度

我们出去买瓶可乐、买个面包时通常不会遇到导购，但在商场里选购化妆品和在 4S 店里选购汽车时则离不开导购。

那么问题来了，为什么可乐不需要导购，但化妆品需要导购，而汽车则需要非常懂行的销售呢？因为可乐、化妆品和汽车是三类不同的商品，它们的不同之处不仅在于价格，更在于产品背后隐藏的复杂度，而复杂度带来对专业性的挑战，专业性挑战又带来从事这个行业的门槛：了解化妆品的功效和了解一瓶可乐的功效不能相提并论，了解汽车和了解化妆品需要的知识水平也完全不在同一个层次。

结论就是：当事情复杂到一定程度，仅凭顾客自身很难完全搞懂的时候，就需要专业人士入场，来为顾客提供专业的服务。这个由专业人士所从事的工作，就可以统称为售前。所以售前工作的出现，是技术进步带来的社会分工的必要，是必然会发生的。

但笔者认为，无论是化妆品的导购还是汽车的销售，都只是相对简单的产品售前，着力点在于产品本身的特性，与 IT 行业的专业售前还有比较大的差距。化妆品导购和汽车销售在给顾客介绍产品的时候，不需要事先根据客户的需求反复地修改 PPT，前后数月针对客户中不同层级的对象反复沟通、汇报，也不需要打探竞争对手的产品和策略，实施有针对性的方案，等等。他们需要做的往往是把一套有针对性的话术背熟，然后根据顾客的实时反馈，从这套话术中挑选合适的内容介绍给顾客。用户在采购化妆品和汽车的时候，也不会通过招标流程，不需要各种角色层层审批。这两类商品的销售虽然有一定的挑战性,但是还远远不够复杂,简言之,没有复杂到需要专业售前的地步。往往销售本人就可以胜任给客户讲解的任务了。这时候的导购和销售不能被称为专业的售前。

那什么才是"复杂到需要专业售前"的行业?笔者认为,飞速发展的IT行业就是这样一个典型的需要售前参与市场营销过程的行业。但也不是所有的IT公司都需要售前岗位,还要看产品面向的用户群体。

我们在应用商店下载微信、抖音、淘宝,乃至办公软件WPS,不需要某个专业人士事先向我们介绍这个App多么有意思,能对我们产生多大的价值,应该怎么使用。往往就是朋友们在用,我们也就跟着一起用。这些应用都是面向C端用户,也就是个人用户,它们都力求做得简单易用,不会给用户设置什么门槛。to C 的互联网业务,通常不需要售前。

但如果某家公司要采购一套ERP系统或者大数据分析平台,某银行要上一套CRM软件,某地的市政府要上一个城市大脑的项目,某企业要关闭自己的本地机房,所有的应用全部迁移到云计算平台上,这时候就不能闭着眼睛下单,不喜欢再删掉,然后重新下载一个别的软件了。ERP、CRM、大数据平台、城市大脑、云计算平台等IT产品和服务都是面向B端(企业客户)或者G端(政府客户)的。它们通常具有以下特点:

- 系统非常复杂。大型软件的复杂性不仅仅体现在模块众多上,而且通常都是分层结构,每一层都有其定位,有很多输入输出接口,这种软件架构是为了实现解耦合,保持软件的灵活性。这样的软件架构通常需要好几年的学习和工作才能领会其精髓。
- 大型软件的实施有较高的门槛,需要较长的建设周期,通常都是以月甚至年为单位来规划建设周期,并且在系统上线后还需要给客户做长期的运维和培训。因而这些建设的投入往往也比较巨大,一般都是百万元起步,数千万元乃至上亿元也不罕见。
- 建设过程中要考虑多方面的因素,比如与现有的IT基础设施是否兼容,与其他软件系统是否能互通互联,以及IT架构的安全性、稳定性、先进性、实用性等。
- 应用一旦建设成功,往往会给组织和社会带来巨大的收益,但一旦失败,组织就会蒙受巨大的损失,会给相关的负责人带来长期的负面影响,可以说是高风险与高收益并存。
- 组织的决策过程往往比较长,决策链中涵盖业务部门、技术部门、采购部门、财务部门、公司高管、政府主管部门等,决策周期往往是好几个月甚至数年,客户相当谨慎。

对于这一类业务,仅仅由销售向客户介绍业务是远远不够的,必须要有更加专业、技术背景更加深厚并且兼具良好表达能力的售前来配合销售,才可能让客户信服我们真的具备这方面的技术服务能力。销售负责商务关系的突破和维护,与客户的商务谈判等;售前负责与客户做技术交流,向客户介绍产品和技术方案,参与投标过程等。

所以,回到我们的主题,IT 行业为什么需要售前?因为 to B 和 to G 行业中,客户自身的业务的特殊性和复杂性,IT 服务厂商提供的产品的复杂性,其中所蕴含的技术的深度和广度,还有我们必须考虑对客户现有环境的适应性,客户的决策过程中要求有技术人员参与的科学论证,所有这些特点,都要求必须有专业售前的参与,才能为客户提供更加专业的服务,并且帮助公司实现业务拓展。笔者见过的所有做 to B 和 to G 业务的 IT 公司,专职售前的部门几乎都是标配。

可乐、化妆品、汽车这一类商品与复杂的 IT 项目的区别如图 1-1 所示。

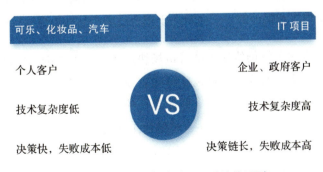

图 1-1　普通商品和复杂 IT 项目的区别

但也有一种说法：公司需要配备售前，是因为产品不行。产品进化的目标是"消灭"售前，甚至"消灭"面对面的销售。如果公司还配备有售前，那是因为产品不行，导致销售无法给客户讲清楚产品，所以必须配备专门的辅助人员，即售前。笔者反对这种说法，在笔者看来，持有这种观点的人，是完全不懂当今的 IT 技术已经发展到了哪个阶段，对大型 IT 产品背后的技术深度和广度没有认知，对洞察行业发展趋势、解决客户痛点的重要性完全没有认识。

所以，售前是技术进步后社会分工的必然产物。在 IT 行业中，售前是 to B 和 to G 这两条赛道上的企业的标配。

2. 市场经济发展阶段的角度

这个角度要从市场经济的四个发展阶段说起，当然，这里的发展阶段是以市场营销的角度来解读的。

在市场经济的初期，在技术进步的推动下，生产厂商追求的主要是更高效的生产效率，这个时候市场上缺的不是需求，而是满足大众需求的更多的产品。毫无疑问，这个阶段是不需要销售和售前的。管理学者把这段时期称为第一个发展阶段，即生产导向阶段。

生产导向时期很快就走到了尽头，因为技术进步的速度实在太快了。生产厂商的库房里堆满了卖不出去的商品。这个时候，市场对商品的追求从更多变成了更好，只有质量更好的商品，才会在市场的激烈竞争中占据一席之地。管理学者把这段时期称为第二个发展阶段，即产品导向阶段。在这个阶段，基本上也是不需要销售和售前的，厂商专注于把自己的产品做得更好就能占领市场。

但技术进步的车轮仍然在带动着市场快速发展。人类进入信息社会后，获取新知识变得几乎没有成本。这也就意味着在某个特定领域里，很少有厂商能持续地保持技术领先、产品领先。即便是好的商品，在市场上也开始积压。厂商在压力之下，不得不想新的办法，将销售工作提升到了前所未有的重要地位。社会上涌现出一批营销专家，他们探索出一整套行之有效的销售理论和方法，如市场调查、定位理论、顾客心理及行为分析、体验式营销等。这段时期被管理学者称为第三个发展阶段,即销售导向阶段。

把时针拨到现在。尽管市场经济从刚建立到成熟,厂商的目标都是销售产品,但销售的模式已经被深刻地改变了。概括地说,传统的销售是"从供给端出发",有什么就卖什么,无非就是通过各种销售手段,让买方接受商品;而现在的市场营销是"从需求端出发",深刻地挖掘和分析客户的需求,甚至是客户自身都未必意识到的需求,根据客户的需求,再结合市场营销学中已经被验证的行之有效的理论,如著名的"4P 理论"(Product、Price、Place、Promotion,产品、价格、渠道和推广),调整产品和市场营销策略。在此基础上,市场经济进入了第四个发展阶段,即市场营销导向阶段。

以上四个阶段如图 1-2 所示。

图 1-2 市场经济的四个发展阶段

当然,以上四个阶段中所提及的销售活动需要分为两类:面向消费者(即面向 C 端)、面向企业和政府客户(即所谓的 B 端和 G 端)。销售的商品也不局限于实体商品,如本书讨论的例子中,大部分商品都是软件、服务等几乎摸不着的商品。但无论哪一类销售对象,无论哪一类商品,在市场经济中都适用于这四个发展阶段。

当前市场经济已经进入市场营销导向阶段,在这个阶段,对于复杂的商品和服务,如咨询服务、企业使用的商业软件等,需要受过专业训练的销售和解决方案人员去洞悉客户明面上和隐藏着的需求,用一整套被验证过的、行之有效的方法去打动客户,才有可能在市场上占据一席之地。

综合上面讲述的两个角度,简单来说,IT 行业需要专业售前的原因如下。

第一,IT 行业已经复杂到必须要依靠售前才能卖出去产品和服务的阶段。

售前负责"打懂"客户。

第二，市场经济已经进入市场营销导向阶段，这个阶段要求售前的参与，去洞悉客户的深层次需求，才能"打动"客户。

1.2 售前的定义和分类

一个成熟的 IT 公司里会设有各种岗位，不同的岗位负责开展不同的工作。那么，售前在公司里主要是做什么的呢？

一方面，售前要配合销售，为客户提供专业的技术和业务咨询服务，这是站在客户的视角；另一方面，售前要协助销售把公司的产品、解决方案、IT 服务销售给客户，这是站在售前所服务的公司的视角。无论售前在名片上的头衔多么高大上，对公司的主要价值还是是否能配合销售把东西卖出去。既然公司设置了售前这样一个重要的岗位，就说明在高层的心里，售前可以帮助客户加深对公司的产品和服务的了解，为客户创造购买的条件，加深双方的信任，从而为公司增加项目成功的概率，提升公司的市场竞争力。

以上是分别站在客户和公司的角度观察售前工作得出的结论。如果想比较准确、简洁地定义售前岗位，我们需要先定义售前服务。因为售前工程师就是完成售前服务相关工作的。笔者试着用浅显易懂的语言给售前服务下一个定义。IT 售前服务就是在项目的售前阶段，协助客户做好项目规划和需求分析，使我们的产品和服务能最大限度地满足客户需要，同时使客户的投资发挥最大的综合效益。换言之，售前的主要工作就是给客户一个"选择的理由"。

定义好了售前服务，售前岗位的定义就呼之欲出了，就是使用一定的策略和方法，完成售前服务的专业技术人员。

上面是一个比较学术性的定义。IT 售前还有另外一种更加直观的定义：技术型的销售。IT 公司的售前可以说是公司里最懂技术的销售人员，同时也是最懂销售的技术人员，这个岗位的主要职责是配合销售，把公司的产品和解决方案销售给客户。在业内有一种说法：售前是半个销售。"技术型的销售"这个词请读者牢牢记住，后面我们还会经常提及。

知道了售前的定义，我们再来看一下售前的分类。

在国外，售前工程师的名称相对比较统一，通常被称为 Presales（售前）、Sales Engineer(销售工程师）或 Consult Engineer(咨询工程师）。在国内，打开常用的几家招聘网站，会发现大量的公司在招聘这些职位：售前技术支持、初级/中级/高级/资深售前工程师、售前技术经理、技术咨询工程师、行业咨询顾问、业务架构师、解决方案工程师、解决方案销售、解决方案经理、解决方案专家、解决方案架构师、PS（Professional Sales，专业服务销售）。总之，在国内，对于售前的岗位名称并没有统一。但是以上所有称谓，本质上都是售前工程师，都在做差不多的工作。

从工作的侧重点来看，售前大致可以分为下面几类。

1. 产品型售前

产品型售前主要负责公司已有产品的宣讲、推广、演示、投标等工作。产品型售前对于公司的产品要非常熟悉，如数家珍，可以从产品的功能点、性能、与市场上同类产品的比较、安全性、兼容性、成本等多个维度分析产品的特点；从客户对产品采购的需求出发，证明产品完全符合客户需求；必要的时候可以熟练地进行产品演示，可以轻松应对演示过程中客户的疑问。由于市场的需求，客户往往不只是需要购买一个产品，而是需要一个解决现有问题的可行性方案，目前纯产品型的售前已经比较少了，主要集中在硬件领域。如果公司的产品以软件为主，还是解决方案型售前和行业咨询顾问较多。产品型售前的可替代性也较高，我们要尽量避免自己成为一名纯产品型售前。

2. 解决方案型售前

解决方案型售前站在客户需求的角度，分析客户和行业的痛点，结合行业的趋势以及公司现有的解决方案和产品，向客户提出有针对性的、可落地的、成本合理的解决方案，通过解决方案，把公司的产品或者实施服务卖给客户。

理论上来说，即使公司的产品在行业里并不领先，但是你也可以给客户一份很漂亮的解决方案，从而引导客户采购你的产品和服务。所以，解决方案型售前并不是从产品出发，而是从客户需求与解决方案的匹配度出发，千方百计地去满足客户的需求。举个简单的例子，老百姓喜欢吃水果，市场有水果的需要，但你的水果的品相并不具备优势，然而你和其他水果商贩不同的是，你看到了老百姓不仅有论斤买水果的需求，还有果盘的需求，于是你把自家品相并不出色的水果切成漂亮的果盘，然后打包装入餐盒进行销售。如何整合产品，同时满足市场的需求和公司的要求，就是一个解决方案型售前所要思考的问题。解决方案型售前不会仅考虑产品和技术的价值，更多的时候他们要考虑的是对客户的业务带来什么价值，以及售前过程中人的因素。因为单一从产品和技术的角度去说服客户是很难的，将客户的思维带入相应的业务场景，让客户感受到你的解决方案在具体的业务场景里发挥出来的价值，才是更重要的。根据市场的需求，当前大多数的售前都是解决方案型售前。

3. 行业咨询顾问

行业咨询顾问是售前的最高境界，很多售前职业生涯中未必能达到这个层次。我们常常听说某个咨询公司给客户出了一套PPT，这套PPT居然卖了几百万元。这时候我们就需要思考：为什么客户愿意为一套PPT花费数百万元？很显然，是因为咨询顾问帮助客户看到了他们看不到的问题，并且指引了一条可以走通的道路以解决这个问题。行业咨询顾问一般服务于客户高层，他们需要对某个行业有超越客户水平的深刻洞察，从战略规划、组织架构、业务发展、资源配置等角度，通过一套严格的工具和方法，分析客户问题的症结，确立目标标杆，提出可行性解决方案。这种工作一般来说背后都有一套逻辑严密、经过市场检验的方法论在支撑，并且这套方法论已经形成了最佳实践。但并不是说学会了这套方法论和保障体系，咨询项目就能够保证成功。咨询顾问还需要不断提高自己的思维能力，这需要不断地学习和实践。所以行业咨询顾问往往都是实习两三年才能独立地负责一个项目。

本书以解决方案型售前的工作内容为出发点，同时也介绍了行业咨询顾问的职业特点和对从业人员的要求。至于产品型售前，其工作内容相对简单，通常是初级售前的选择，本书介绍较少。

从成长路线来看，售前也是分等级的，级别越高，对能力的要求越高，当然获得的薪资待遇也就越高。笔者把售前岗位的发展过程分为以下几个阶段。

- 第一个阶段：售前技术支持。
- 第二个阶段：初级售前。
- 第三个阶段：中级售前。
- 第四个阶段：高级/资深售前或解决方案架构师。
- 第五个阶段：行业咨询顾问。

从一名懵懂的售前技术支持最终成长为一名受人尊敬的行业咨询顾问，这个过程通常需要 5～10 年甚至更长的时间，依每个人的天赋、努力程度和机遇而定。

需要注意的是，在不同的公司，售前所归属的部门会有所不同。有的公司把售前放在市场部门，和销售一起；有的公司把售前放在产品部门；但现在越来越多的公司把售前独立出来，成立一个专门的解决方案部门。

1.3 售前的第一要义

笔者曾经和同事讨论过售前的第一要义，有同事认为售前的第一要义是把公司的产品卖出去，让客户买单，持续重复这个过程，从而源源不断地为公司创造价值。

但在笔者看来，售前的第一要义不是为自己的公司创造价值，而是为客户创造价值。具体来说，售前的第一要义可以这样描述：通过洞察客户的需求，为客户提供能解决客户需求的产品和解决方案，从而持续地为客户创造价值。

由此带来的结果，包括为公司带来的价值、个人的成长、收入的增加等，都是由这个第一要义衍生出来的。

这里把客户的价值创造放在第一位，是因为笔者认为，没有客户的成功，就不可能有公司和个人的成功，至少不可能有持续的成功。

把客户的价值创造放在第一位，除了提醒我们客户的成功是一切成功的前提之外，还时刻提醒我们一切工作都应该围绕如何解决客户需求来推进，提醒我们经常换位思考：如果我是客户，当供应商做到哪种程度，我才会感到满意。这种思维模式的转换，对做售前工作非常有帮助。

另外，从这个第一要义的描述中，我们还需要注意以下几点。

第一，洞察客户的需求是我们开展工作的前提。客户的需求有两个特点：有多种来源，要通过识别项目的不同干系人，去识别不同的需求；并不总是浮在表面，很多时候需要我们去挖掘。本书第 5 章会详细阐述如何挖掘客户的各种需求。

第二，为客户提供能解决客户需求的产品和解决方案。这里的关键词是"能解决"。我们的产品和解决方案是否能真正地解决客户的需求，裁判不是我们自己，而是客户。市面上有那么多的厂商，提供各种各样的产品和解决方案，凭什么让客户相信我们是最适合的那一家，这是值得我们所有售前思考的一个问题。

第三，持续地为客户创造价值。这里的关键词是"持续"，提醒我们不要欺骗客户，不要做一锤子买卖。

1.4 售前平时都做些什么

既然售前本质上就是技术型的销售，那么他平时的工作内容主要有哪些呢？如果你问一个做了两年售前的人，他平时的工作状态是怎样的，他可能会说：

自从做了售前，电话 24 小时不能关机，钉钉必须 24 小时在线，微信还得随时回复客户的问题。我们做售前的，996 不稀罕，因为个个都是 007。

自从做了售前，飞机上、高铁上、出租车上、地铁上，随时随地都能打开电脑改方案。

自从做了售前，住酒店可能比住家里的时间还多。

自从做了售前，你就和咖啡成了好朋友。

……

笔者如今已经从事售前工作 10 年以上，经历过无数个赶方案的凌晨，也经历过几次被客户强烈质疑的交流现场，还经历过一切都已经准备就绪，最后因为某个意外丢了单子的沮丧，也和销售硬刚过，与后端的研发同事吵过架，跟领导拍过桌子……如今早已放弃了之前对售前这个岗位的幻想。作为一名老售前，笔者每天的实际工作情况是怎样的呢？除了管理工作外，笔者 90% 的时间都花在了下面这几类事情上。

- 技术交流。每一个项目往往都伴随着多轮的技术交流，面向的客户级别、对象也不同，需要准备的材料也必须有所区别。
- 需求挖掘。需求是我们工作的靶心。客户的需求往往有多种来源，如政策的推进、行业的变化、业务的痛点、领导的意志等，售前必须学会在和客户沟通的过程中挖掘出客户真实而全面的需求，才能写出有针对性的方案。
- 方案编写。售前需要充分考虑客户的战略规划、组织架构、IT 架构、业务架构，结合公司现有的产品、项目经验、服务能力，编写能让客户信服和满意的各类方案，如 PPT 汇报材料、Word 版本的实施构想等。有时候还需要帮助客户准备客户内部的立项材料，如可行性报告等。方案编写是售前工作中的大头，几乎占了售前三分之一的工作时间。
- PoC（Proof of Concept）测试，即针对客户具体应用的验证性测试。现在的客户都很专业，仅仅是方案层面的交流、简单的产品功能演示不足以打动客户，在前期交流中取得客户的基本信任后，客户往往会划定一个

- 小范围,选择能代表业务复杂度的实验对象,选用真实的业务数据,邀请几家供应商来验证产品的功能和性能。在特定的阶段,PoC 测试会占用售前大量的时间。
- 参与投标。客户内部立完项,经过前期和各个厂商的沟通、遴选后,就会进入招投标阶段。售前要配合销售准备投标材料,并参与投标过程。
- 学习公司的产品和行业知识、前沿技术、售前知识,参与同行交流等,并不断梳理、完善自己的知识体系。IT 业是一个对人的学习热情、学习能力要求很高的行业,售前也不例外,必须要时刻保持学习的动力,并且用正确的方式学习,只有这样,我们在客户面前展现出来的实力才能让客户信服。
- 项目复盘。对于一个经历了完整售前过程的项目,无论最终的结果如何,笔者都会主动发起项目复盘,通过复盘来积累经验,找出做得不够好的地方,并不断改进。

以上这些工作有很多都是弹性的,全看售前对自己的要求。比方说项目复盘、同行交流、行业知识的学习,可做可不做;方案编写,可以花费大量的时间精力,瞄准客户的需求写,也可以拿一份之前的文档,随便改改应付。因此,要问售前平时都做些什么,不同的售前绝对会有不同的答案。

还有两件事,笔者觉得有必要向不熟悉这个岗位的读者澄清,一个是出差,一个是应酬。

有人吐槽售前出差太多,以至于在决定是否转行到售前之前,把出差的频次作为考虑的重要因素。的确,大部分的售前都会出差,作为售前,我们必须接受频繁出差,并且要认识到出差并不是让我们换个城市感受不同的生活,出差本身就是工作的一部分。否则,还是换个职业方向吧。

至于有些人担心的售前要直接面对客户,会有很多应酬,这一点倒是不需要太担心,应酬在整个售前的工作中只占比较少的一部分,即使面对这种场景,售前因为更偏向技术,也不会承担太多应酬的任务,自有更擅长这方面的同事去做。

1.5 售前的定位

前面讲过，售前通过为客户提供专业的技术咨询服务，得到客户的信任，配合销售把公司的产品和服务销售给客户，为客户创造价值。从这个工作职责可以看出，售前的定位有以下三种。

第一个定位是销售的军师、老师和刹车。对于销售人员来说，售前是他们的军师，是他们的技术顾问。公司是否能承接这个项目，技术风险在哪里，成本预估多少，是否需要整合第三方的产品和技术，乃至这个项目究竟能不能接，都需要售前为销售提供高质量的、可靠的参考。必要的时候，售前还要站在公司利益的角度，对销售的某些市场决策提出反对意见，这就是"刹车"的作用。

第二个定位是公司与客户之间的技术桥梁。售前是公司与客户之间的技术桥梁，在客户眼中，售前是代表公司技术实力的专家，在公司眼中，售前是准确反映市场对产品和服务需求的一面镜子。

第三个定位是技术型的营销。售前身上应该有销售的部分职责，公司正式的销售负责商务对接，也就是俗称的"搞定人"，那么公司的售前就应该负责技术对接，也就是俗称的"搞定事"。

售前的这三个定位如图 1-3 所示。

图 1-3 售前的定位

从这三个定位中可以得出售前这个岗位在一家 IT 公司中的重要性。他协助销售完成面向客户的销售工作，是销售最可信赖的人。对于客户来说，他代表公司的技术形象，是公司的技术门面；对于公司来说，客户对产品和解决方案提出了什么样的要求，如何改进公司的产品，他提供了来自市场一线的最可靠的建议。同时，他还是一名技术型的销售人员。

1.6　售前最重要的特征

在笔者看来，从上述三个定位出发，对售前的要求呼之欲出，那就是专家型的顾问。销售的军师需要是一名可靠的专家，公司与客户之间的技术桥梁更需要是一名技术专家，技术型的销售要求售前是一名复合型的专家。只有专家型的人才，才能让公司放心，让客户信服，让销售佩服。

为什么售前应该具备专家的特征呢？原因很简单：人们更愿意相信专家，尤其是相信比自己资深的专家。

如果你给客户留下的印象中销售的成分更多，他就会质疑你的动机，进而质疑你说的话，因为他会认为你是为了成交而跟他讲那些话。但如果你在他的心里是一位可信赖的技术专家和业务专家，他就会愿意与你交流，因为专家对他是有价值的，能够帮助他解决问题。

因此，对于售前来说，最重要的特征应该是值得信任的专家。他必须取得公司领导的信任、销售的信任，最重要的是必须获得客户的信任。一个无法让人产生信任感的售前，很难顺利完成自己的工作，更不用说在这个行业长远发展。

1.7　售前最重要的能力

如何才能成为一名值得信任的专家？售前需要全方位地修炼自己的专业能力。

提到售前重要的技能，有人说是技术功底，有人说是知识的广度，也有人说是对公司产品的理解，还有人说是方案能力、表达能力、情商等。

技术功底、业务知识及对行业的认知和判断，这些都是售前的必备能力。但这些都是单一的技能，某一方面特别突出，并不能说明这是一位优秀的售前。笔者认为，售前最重要的能力是一种隐含在底层的综合能力，笔者把它叫穿透力。

这种穿透力不是一种简单的、单一的技能，而是一名售前各种素质、能力的综合体现。由于售前的目的是要在不同组织的陌生人之间建立信任和合作关系，因此，必须要穿透不同组织和陌生人之间天然存在的不信任的壁垒。在这个过程中，销售起到的作用犹如润滑油，能让客户去掉表面上的戒心，打开大门，给我们腾一块地，让我们展示自己。但到了这个阶段，客户还远远没有认可我们、接纳我们。这个时候，售前最重要的能力就必须体现出来了。穿透力犹如一杆打磨数年的长枪，能帮助我们穿透公司与客户之间的壁垒，消除陌生人之间天然存在的戒心；它更像是一种暗器，你平时看不见、摸不着，但当它发挥出威力的时候，你却能敏锐地感受到。我们可以从准确性、力度、后劲三个维度展开来理解这种穿透力。

1. 准确性

我们需要准确地理解和把握客户的需求，准确地判断竞争对手的动向，制定出有针对性的策略，编写出准确的方案。这种"准确性"不是天生的，而是许多个项目跟下来后，通过不断地观察、学习、复盘，长期积累出来的一种直觉。笔者钟爱的美剧《越狱》中有这样一个细节，麦克和狱友在监狱的墙上画了一个魔鬼的头像，然后按照魔鬼的头像打了一个 X 形的洞，轻轻一敲，水泥墙就塌了。麦克和狱友顺利地穿墙而过。这里麦克运用的就是物理学中一个非常重要的定律——胡克定律。在一个实心的大块混凝土结构上，通过计算得出关键的受力点，然后在这几个受力点上用力，就可以只用很小的力量敲碎一道坚固的墙。这里的受力点可以理解为能撬动项目的那根杠杆，也可以理解为客户最核心的需求，但这个"受力点"未必是浮在表面的，需要我们去挖掘。找到这个受力点，就是准确性的表现。我们在项目中也需要准确地找到攻破客户心理防线的受力点。只不过麦克用的是物理定律和数学计算,而我们使用的是观察、直觉和经验。

2. 力度

不要隔靴搔痒,而是要真正地站在客户的立场上去思考问题,走进客户的内心,包括客户的情感和思维的世界。随着IT行业的快速发展,各种新技术、新架构、新概念层出不穷。一般来说,一个专业技术领域总会存在专业性越来越强的趋势。这种趋势会让行内人创造越来越多的专业术语,这些专业术语虽然有利于行业内的交流,却可能会让我们的客户望而生畏。IT行业就是一个非常典型的有一定技术门槛和许多专业术语的行业。所以,要做到穿透力的"透",更多的是需要我们深入浅出的能力、换位思考的能力、与他人共情的能力、把一件复杂事情转变成简单事情的能力,以及聚焦在客户需求痛点上的能力。

3. 后劲

IT行业的售前过程通常比较漫长,少则一两个月,多则一两年也是有的,会遇到各种各样的意外情况。即使客户一开始很认可你的方案,也难免会受其他厂商竞争的影响。这个时候,售前要一直保持信心,还要保持敏感性和灵活度,不断地调整策略,完善方案,一个方向不行换个方向,找准了方向就持续不断地努力,直到超出客户预期,给客户惊喜。

穿透力这项售前最重要的能力,如图1-4所示。

穿透力的这三个维度缺一不可,共同构成售前最核心的能力。在以下几个场景中,我们都需要运用这种穿透力。

理解公司产品的时候需要穿透力,这样才能一眼发现自家的产品和市场上同类产品之间的异同,对如何形成差异化竞争做到心中有数。

把握客户需求时,更需要我们有一双慧眼,只有穿透客户各种明处、暗处,说出来的和没有说出来的,以及不同部门、不同领导、不同个人的诉求,我们的方案才能打动客户。

第 1 章 售前到底是做什么的

图 1-4 售前最重要的能力

和客户交流时非常需要穿透力，这样才能知道客户最想听的内容，从而做到有的放矢，快速获取客户的信任。

写方案的时候需要穿透力，这可不光是靠别人没有的我有，别人有的我优秀，而是要靠我们的方案去影响客户的决策。

面临强力竞争的时候，也需要穿透力，我们需要准确分辨竞争对手的动向，制定有竞争力的策略。

可以说，售前从第一次接触客户，到最后签单成功，这种穿透力无处不在。而一个普通售前与一个好售前的差距不在于某项具体的技能，而体现在代表综合素质的穿透力上，你能穿透到哪一层，你的道行就到哪一层。有的售前能在客户面前滔滔不绝，但是听者却一直云里雾里；有的售前不断地强调自己的产品的价值，却对客户的需求视而不见；而有的售前只需三言两语，听者却如饮甘露，如他乡遇故知。这种差异就是不同的售前所拥有的"穿透力"的差距。

这种综合能力绝不是一蹴而就的。"穿透力"就像是一杆打磨数年的长枪，平时隐藏起来，不显山露水，但要用的时候却总能准确地命中目标，一击致命。"穿透力"需要时间的打磨和刻意的练习，在不断试错中学习、总结、反思，慢慢地把枪头磨得更加锋利。

愿你拥有一击命中的，属于你自己的独特穿透力。

1.8 售前面临的最大挑战

售前面临的最大挑战可以用一句话来形容：不确定状况下的竞争与风险控制。这种不确定状况下的竞争可以用四个字母——VUCA 来总结。VUCA 是 Volatility（易变性）、Uncertainty（不确定性）、Complexity（复杂性）、Ambiguity（模糊性）的缩写。

VUCA 这个术语最早源于军事领域。20 世纪 90 年代，美国军方针对在冷战结束后出现的多边世界特征，提出了 VUCA 这个概念，用来指我们处于一个挥发性、不确定性、复杂性、模糊性的世界。"挥发性"是指事情变化非常快，"不确定性"是说我们不知道下一步的方向在哪儿，"复杂性"意味着每件事会影响到另外一些事情，"模糊性"表示关系不明确。如何在有限的信息条件下进行决策和动作，并且能够控制好风险，是这个时代必须面对的问题。在 IT 领域，这种不确定性体现在以下方面：

- 社会环境的变化充满不确定性。我们处于一个变量越来越多、变化越来越快的世界。国际局势、国家政策、社会舆论等的变化，都会影响到市场环境，公司经营，甚至具体的项目。
- 客户的需求层出不穷、变化多端。出于某些原因，客户群中不同的人说的话，传递的信息可能都不一样，客户也未必会在一开始就跟你讲实话，这就需要我们具备深刻的需求洞察能力。另外，客户喜欢追热点，新的技术、新的架构、新的名词出来了，客户也希望自己的项目能沾上边。
- 客户的认知不断加深。客户为了做一个项目，可能会找很多家供应商来交流方案，听得多了，就会自然而然地形成自己固化的认知，这也导致一般性的方案很难打动客户。有时候你会发现，客户了解的内容甚至超出了你的准备。这也是我们面临的巨大挑战之一。这是因为在互联网时代，信息流动的成本趋近于 0，知识的获取越来越容易，人们获取知识的成本也越来越低，只要是善于学习的人，很容易在短时间内掌握一个领域内大部分的重要知识。我们不能再妄想用知识去碾压客户，达到目的，而要从认知的层面去打动客户。那么，为什么知识的落差在逐渐消弭，而人与人之间认知的差距依然存在呢？这是因为很多时候，认知的进步是反人性的，并非人人都能够做到，能够做到的只占人群中的极少数。我们一旦取得认知上的优势再做事情，就是传说中的降维打击了。

- 客户方内部的关系比较复杂。在 IT 售前过程中，我们面对的不是一个个独立的人，而是一个复杂的系统，包含多个部门、多个干系人。这个复杂的系统内部有其运行机制，往往牵一发而动全身。一旦处理不当，项目就有可能遭到某个利益相关部门的反对。因此，销售和售前必须具备系统思维来处理客户关系。

- 销售的过程中可能会给自己挖坑。不可否认，很多销售在卖服务、卖产品的时候，为了顺利地签单，会迎合客户的期望，甚至把客户的期望值抬得很高。而缺乏原则的售前，也会迎合销售的种种要求，用一份份漂亮的"方案"为销售吹过的牛背书，这就为后面的交付过程挖了不少的坑。项目经理的角色就是在漫长的交付过程中，再把客户的期望值降低到 50%。而我们知道这样一个公式：客户满意度 = 感知 - 期望。如果期望一直很高，而对项目的认可度不够，就会导致客户的满意度很低，甚至是负数。客户的满意度一旦下降，后续的生意就不好做了。

- 项目的推进过程中充满变化。在项目的推进过程中，总是充满着各种变数、最常见的如需求的变化、客户方接口人的更迭、客户方领导意见的改变、预算的变化、竞争对手的入局等。售前不能奢望项目会一帆风顺，而是要做好准备，随时灵活应对各种变化。

- 竞争对手棋高一着。为了增强售前的信心，销售有可能会在售前面前突出自己的客情关系。但是我们身处关系社会之中，我们有客情关系，我们的竞争对手一样有客情关系。在项目的推进过程中，忽略竞争对手是我们最容易犯的错误。作为售前，要深入地研究竞争对手的方案和策略，给销售提供及时的参考，避免"阴沟里翻船"。

- IT 技术的更迭迅速。IT 技术的变化是非常快的，各种概念、技术层出不穷。这对售前提出了很高的挑战。售前必须要经常关注行业趋势，选择与自己工作强相关的领域深入研究。最起码的要求是，我们不能被客户问倒，在面对竞争对手的技术挑战的时候，要会见招拆招，帮助客户冷静分析、理性决策。

以上这些因素，都是动态变化、互相影响的。这就让事情变得更加复杂。身处 VUCA 时代，我们需要运用主动性和灵活性，打造强大的适应力，在具有挑战性的情况下灵活地应对市场的不断变化。

第一，我们要主动意识到，身处 VUCA 时代，唯有变化才是唯一不变的事实。一个人的力量不足以影响环境，唯有主动适应变化，才能长久生存。除了运用组织和网络的优势之外，还要不断学习、与时俱进、主动拥抱变化。英国管理学思想家雷格·瑞文斯说："一个生物体要想获得生存和发展，它的学习速度必须大于等于环境变化的速度。"

第二，我们要看到和抓住在快速变化的时代中那些不变的部分。如果你只看着变化的部分，必然会眼花缭乱、无所适从。亚马逊的创始人贝佐斯曾说："很多人问我一个问题——10 年以后变化的会是什么？但极少有人问我另一个问题——10 年以后不变的是什么？"那么在 IT 市场中、永远不会变的是什么呢？笔者认为是为客户创造价值，与客户一起成功。如果一家公司或一个人总是能持续地为客户创造价值，与客户一起成长、一同成功，市场自然会给他留出一席之地。

第三，身处 VUCA 时代，我们还需要具备领导力和资源协调的能力，整合市场上一切可用的资源去满足客户的需求。没有任何一家企业能完全满足客户的所有需求，这个时候，整合资源的能力就非常重要了。对资源的有效整合能大大放大我们自身的能力，使我们更加游刃有余地应对市场的挑战。

第四，用长远的愿景来对抗不确定性。接受并拥抱你所面对的一切变化，把它当作一个常态，与你工作上的不可预知性共存，而不是与之对抗。同时，建立一个有价值观支撑的、属于你的长远愿景。愿景是我们行动的方向，就像天上指路的北极星，能够让我们即使遇到不熟悉的情况和前所未有的挑战，也能做出正确的决策。

第五，我们要建立起概率思维。身处VUCA时代，我们应该知道，完全确定性的事物越来越少了。我们的一切努力只是在提升成功的概率，概率思维能够让我们的心态更加平和。

1.9 售前和其他职位的关系

没有做过售前的人，不容易理解售前与其他岗位之间的工作边界究竟是什么。这一节我们阐述一下售前与其他岗位之间的工作边界。

1.9.1 售前和项目经理的关系

通常来说，公司与客户达成合作意向并签合同后，交付的内容往往不仅是软硬件产品，还包含IT服务，IT服务的内容包括产品安装、代码开发和测试、培训及运维等。IT服务通过项目实施来交付，进入项目实施阶段后，售前的介入就比较少了，主要由项目经理来主导整个过程。

传统的看法是：售前是打江山的，和销售一起攻下一块山头；项目经理是守江山的，把这块山头耕耘好。售前给客户画好一幅蓝图，项目经理带领团队把这幅蓝图变成现实。似乎在项目整个生命周期的时间轴上，存在一个点，把售前和项目经理区隔开来，这个点就是公司与客户签订合同之时。

但我们经常会听到项目经理的抱怨：公司和客户签订了合同，项目实施马上就要开始了，这个时候公司才找到自己，要求几天之内组建一支团队进场实施，可是作为被委派的项目经理，对项目背景、客户信息、交付内容和范围还一无所知，更不知道项目对公司的重要程度，这时，压力就全部转移到项目经理的肩上来了。当他们忐忑不安地翻看合同的时候，很可能会受到惊吓：要么是合同中承诺的有些功能根本就不可能实现；要么是要求的工期太紧，几乎不可能按时交付。这样的项目注定失败。

很多公司也意识到了这个问题，开始了一些有益的改进。所以，近些年来，项目经理在签订合同前参与售前阶段的一些工作，如技术条款的谈判等，正变得越来越普遍。在售前支持阶段，项目经理能参与的工作包括：

- 了解项目背景，准确把握客户需求，提前识别项目的关键干系人等。
- 尽早建立与客户的关系。
- 参与项目技术方案的可行性评估和谈判，避免无法交付的情况发生。
- 估算项目成本，为公司核算项目利润提供依据。
- 根据项目方案和客户要求估算项目进度，避免无法按时交付的情况发生。
- 根据经验和项目具体情况评估项目中潜在的实施风险，提前准备规避措施。
- 为销售和售前提供项目交付角度的专业建议，避免合同中的其他交付风险。

以上是在售前阶段对项目经理的要求。同样，即使项目已经到了实施阶段，售前也不能做甩手掌柜，而是要继续关注项目实施过程，帮助项目经理解决问题。比如，项目经理把握不准某一项需求对客户的重要性的时候，往往需要征询售前的意见：之前跟客户沟通的时候，这个需求是客户中的哪位领导提出来的？客户当时是怎么说的？为什么在合同中要写成现在这样？因为前期售前与客户沟通较多，往往能更加准确地理解客户的原始需求。甚至项目中遇到难以逾越的障碍的时候，项目经理也会求助于销售和售前，看能不能通过别的途径把这个困难克服掉。

所以到了现在，售前和项目经理的工作边界不像过去那样清晰了，而是部分交织在一起。很多复杂的项目，项目经理要参与到售前阶段的工作中来，售前也必须关注项目的整个生命周期，帮助项目经理成功地交付项目。

1.9.2 售前和销售的关系

先讲一个有关售前和销售的笑话。

售前和销售是部落里的一对好搭档,他们受族人的嘱托,一起去打猎,准备为部落带回猎物。

售前开车,销售扛着一把枪,在副驾驶座上坐着,一边研究森林里的地图。经过长途跋涉,他们终于到了一片森林。售前把车停稳了,对销售说:"你去找猎物吧,我等着你的好消息。"

于是销售扛着枪,下了车,走进森林里去寻找猎物。不一会儿,售前听到森林里传来"呼"的一声枪响,紧接着就看到销售拖着枪往车这边跑来,他后边跟着一只受了伤、一瘸一拐的熊,可是熊虽然受了伤,还是对销售紧追不舍……

情况万分紧急,售前连忙发动引擎,迎上去准备接上销售逃命。销售跑到了车门口,可熊这时也跟了上来!

说时迟那时快,只见销售打开车门,紧接着一个灵巧的闪躲,将追上来的熊让进了车里,然后"咣"一声将车门关上。于是,车里只剩下售前和一只熊,他们互相瞪了一眼,就打了起来……

此时,车外的销售不慌不忙地掏出一根烟,缓缓点上,对车里的售前说:"兄弟,你把它搞定,我再去找下一头熊。"

这个笑话在让我们笑出声的同时,也引人深思。在现实中,IT公司通常的搭配是一个销售带一个售前去拜访客户。销售负责"搞定"人,找到关系,发现机会,安排交流;售前负责"搞定"事,给客户讲清楚产品或解决方案的价值、技术亮点等。

这样的搭配看似很合理,但很多公司的售前和销售矛盾重重,平时互相推诿,互相吐槽。售前说销售吹牛吹大了,方案无法满足。销售说客户我找到了,接下来就是你们技术的事情。一旦投标结果没中,销售和售前就互相甩锅,售前说销售传递的信息不准确,销售说售前的方案太烂,被竞争对手吊打。出现这种比较普遍的现象,笔者认为主要原因是售前和销售没有厘清彼此之间的关系。

其实，前面我们已经点出了售前和销售之间的第一层关系：售前是销售的军师。在整个售前过程中，两个人只有紧密配合，才可能攻下山头。

还有一层关系，那就是售前同时也是销售的老师，需要给销售赋能，也就是不定期的各种形式的培训。通过给销售培训公司的产品和解决方案，可以让销售在售前不在场的情况下，也能简单地给客户讲解方案，比如首次拜访客户，往往就是销售一个人去；可以让销售做到有的放矢，知道哪些客户、哪些业务场景才是我们的能力范围和重点目标，避免什么项目都接。这两个目的如果达到了，不仅对销售有利，对公司有利，也会大大减少售前的工作量。同时，也能让销售和售前的基本思路保持一致，不至于有大的分歧。

这就引出了售前和销售之间的第三层关系。用一个比喻来形容，销售是油门，售前是刹车，为了避免车毁人亡，售前就必须发挥自己的价值，而销售则必须尊重售前在这方面的价值。

但从另一方面来说，公司承受压力最大的岗位往往就是销售。在KPI指标的压力下，销售可能会倾向于"先把项目拿下来再说，反正后面的交付也不是由我们来上"的态度。在面对用户提出的明显不合理的需求时，销售往往也会暗示售前先答应下来，之后私下再来研究。很多技术出身的售前，面对销售的"吹牛皮"，往往心里很反感。但笔者建议对于销售的过度承诺，不要一棍子打死，我们要学会区分是善意的还是恶意的。

善意指的是销售心里其实是有底的，他之所以给出一些超出公司能力范围的承诺，是因为他知道，后续可以通过客情关系，整合公司外的其他资源等来填补中间的落差。

恶意的过度承诺一方面指的是超出公司能力太多的那种承诺，另一方面指的是销售为了完成自己的业绩目标，完全不负责任的那种承诺。

对于销售的善意承诺，售前要心里有数，善意地提醒，并做好记录，及时向上级领导汇报。

对于确实超出公司能力范围的承诺，售前要和销售及时沟通，询问理由。

销售与售前的互信是非常重要的，这个时候就是体现双方互信程度的关键时刻了。通常来说，销售有销售的理由，他可能确实能在后面通过商务关系把一些原先答应的需求又压下来，或者他有可靠的公司外的资源能整合起来满足客户的需求。但是销售不能藏着掖着，要及时地给售前吃下定心丸。

销售对客户的过度承诺应该是例外，而不应该是一种常态。如果一两次出现这种情况，售前往往能理解，大家一起通过后面的各种迂回策略把事情圆回来即可。但是如果销售每次见不同的客户都承诺不合理的需求，或大大超出公司能力的需求，那么售前工作承担的压力和风险就太大了。所以，销售与售前必须换位思考，互相理解，否则矛盾冲突多了，两个人的工作就没办法继续配合下去。

那么，如何鉴定什么样的销售是靠谱的销售呢？先说说什么样的销售不靠谱吧。

- 张嘴就是客户是我十几年的哥们，只要你方案过关了，这个单子稳拿。的确，在有些项目上，销售的客户关系能对最终签下合同发挥重要的作用。但是在大多数项目中，客户关系只是起到一个敲门砖的作用。打个比方，客户关系就像是一张地图，帮助我们比较准确地找到客户，而解决方案才是真正能够打开客户心门的那把钥匙。所以，销售偶尔说一两次这种话可以，但是总把"客户是我哥们"挂在嘴边的销售，多半并不靠谱。
- 对项目的进展不上心，任务交给你后十天半个月都不问。跟售前一起拜访完客户，扔给售前一个任务，然后就不管不问，直到截止期才来催方案。方案不是售前一个人的事情，销售在这个过程中也需要贡献自己的理解，帮助售前把方案做得更加贴合客户的业务需求。
- 第一次拜访客户，就拉着售前一起去。第一次拜访客户，往往是找到关键人，落实客户是否真的有这个需求，技术方面的交流不会涉及很多，建议销售一个人去就可以了，然后传达清楚客户的初步需求，为下一次正式的技术交流打下基础。如果销售刚刚入职公司，对产品和解决方案都不了解，第一次交流拉着售前一起去还可以理解。但是如果每回首次交流都拉着售前一起去，这就是销售懒惰的表现。
- 给客户承诺太多能力范围外的事情，给公司的项目交付挖下大坑。这个前面已经说得比较清楚了。
- 过于强势。销售为了让售前和其他负责技术的同事帮着干活，有时候会表现出特别强势的态度。时间一长，售前就成了给销售拎包的了。过于强势的销售不仅会让售前的能动性受到较大制约，而且通常还喜欢推卸责任。

有以上五个特点的销售往往不大靠谱，有原则的售前也不愿意长期配合。在双方步调不一致的时候，销售和售前容易关系紧张，这种关系容易异化——销售认为售前就是自己的工具，是为自己干活的，应该听命于自己。而如果售前不坚持自己的原则，也真的容易退化为销售的工具。殊不知这样的关系，即便真的签了合同，合同的质量也会堪忧。

总结一下售前与销售的三种关系：

- 售前是销售的军师。
- 售前是销售的老师。
- 售前是销售的刹车。

如果双方都认同这三点，就能够在互相理解的基础上通力配合，制服更多的"猎物"。大家还记得本节开头讲的笑话吗？这个笑话也许可以改成这样：

销售走下车，钻进森林里寻找猎物。过了一会儿销售扛着枪回来了，告诉售前："我刚才在离这里两公里，东南角60度的方向发现了一只熊，这只熊大概有200公斤，它好像也在寻找食物……"

然后售前和销售开始商量，如何才能制服这只熊，他们有哪些武器和工具，应该采取什么战术，如果遇到危险怎么办，打到猎物后应该如何分配。售前说："因为熊在寻找食物，所以我们可以设置一个诱饵，然后准备一个陷阱，埋伏在不远处，等熊进了陷阱，在吃诱饵的时候，我们拉动陷阱的机关，一举捕获这只熊。"销售同意了，又补充了一些细节和他的建议。于是两个人开始行动起来。

两个人按照商量好的策略，每一步都执行好，成功地猎到一只熊。两个人分享了胜利的喜悦后，总结了经验，于是售前在车里修理武器和工具，销售再去寻找下一个猎物。

他们俩合作无间，捕获的猎物越来越多，其他的猎人都来向他们取经。

一方面，作为一名售前，要不断精进自己，向值得信任的专家这个方向靠拢，做好销售的军师。另一方面，销售也要尊重售前的工作，听取售前的意见。只有两个人志同道合，相辅相成，配合熟练，才能不断地在市场上攻下一座又一座山头。这既需要机遇（两个人最好气味相投），也需要磨合，在配合过程中相互理解和体谅，逐渐达到一种默契的状态。

1.9.3　售前和需求分析师的关系

售前和需求分析师的工作内容有重合的部分。有的公司不设需求分析师岗位，售前就承担了项目的需求调研与需求分析的工作任务。但通常来说，这还是两个不同的岗位，表现在其介入项目的时间点有差异，工作的重心也有所不同。

售前和销售一起，是最早介入项目的，从初次拜访客户到项目中标，售前承担客户的需求挖掘、方案制订、方案交流、领导汇报、写标书、参与招投标等一系列工作。但售前阶段的需求，客户通常是不会签字确认的，因为这时候双方还没有签合同。

而需求分析师通常在项目中标后再介入项目，进行进一步的、更细化的需求挖掘与分析，并输出需求分析说明书等文档。在这个阶段，需求分析师挖掘的项目需求一定要经过客户的正式确认。

在某些公司，需求分析师也被称作业务分析师（Business Analysis）或业务架构师（Business Architecture），但其实这是一种不够严谨的叫法。需求分析师、业务分析师、业务架构师有清晰的定位划分。BABOK 是业务分析领域经过长时间提炼而成的权威体系，根据 BABOK 中的定义：

需求分析师的工作重点是项目里的功能点，其核心能力是需求捕获和需求管理，产出是需求规格说明书等。

业务分析师的工作重点是帮助组织达成目标或进行变革，其工作范围已经超越了某一个项目，这个岗位需要具备商业头脑、超强的观察与分析能力、超强的沟通技能。

而业务架构师的工作重点又提升了一个层次，业务架构师关注的是企业的战略落地，其工作目标是规划和指导企业的战略落地，这个岗位的核心能力是业务监控能力与战略分析能力。

由此可见，需求分析师、业务分析师、业务架构师在能力模型、关注重点、工作内容上都有较大的区别。作为售前，这三个岗位的能力都需兼而有之。我们的解决方案要贴合企业的战略规划，才可能被客户接受；我们也必须具备一定的商业头脑，有很强的观察与分析能力，帮助组织达成目标或实现变革；同时，需求挖掘、需求分析与需求控制，也是我们必须掌握的基本技能。

1.9.4 售前和产品研发的关系

通常来说，人们不会想到售前和产品研发也有比较密切的关系。但是一个成熟的IT公司，其产品研发的依据应该来自于一线反馈的客户声音，否则就会陷入闭门造车、出门不合辙的尴尬。前面我们讲过，售前是公司与客户之间的技术桥梁，在客户眼中，售前是代表公司技术实力的技术专家，在公司眼中，售前是准确反映市场对产品和服务需求的一面镜子。

具体来说，没有任何一家公司的产品是完全满足所有客户需要的，所以，IT产品都是不断地快速迭代的，同时很多项目中还需要对产品进行二次开发，以满足客户的需求。公司的产品研发部门和市场部门往往是两个独立的部门，这就容易导致研发规划的产品路线图与市场的实际需求之间并不重合。一家好的公司会建立售前与产品研发团队之间的定期沟通机制，把售前从市场了解到的最新需求及竞争对手的产品功能（尤其是优势亮点）传递给产品研发团队，以不断完善自身的产品。笔者之前工作过的一家大数据公司就会定期召集售前骨干和研发团队的骨干开一次碰头会议，落实需要在产品中增加或优化的功能，并适时地加入到产品开发的路线图中。笔者认为这是一种很好的机制，有助于避免产品团队闭门造车，从而保持产品的领先和市场竞争力。

由此可见，售前与产品研发也有非常密切的关系。

1.10 本章小结

本章是理解全书的基础，主要介绍了售前相关的基础知识，包括为什么在IT行业里售前如此重要、售前的定义和分类、售前平时的工作内容有哪些、售前身上最重要的特征、售前需要掌握的基础能力是什么、售前面临哪些挑战，以及如何定义售前和IT公司里其他岗位的关系等。

第 2 章
如何成为合格的售前

在任何一个行业、任何一个岗位上取得成功都不容易，无法一蹴而就，只有正确地评估和认识自己，梳理这个岗位需要的能力模型，对比自己的差距，付出长期和艰苦的努力，不断总结和积累，才有可能成功。

售前工作也是如此。根据笔者的经验，本章提出"售前的能力模型"这个概念，包含技术能力、学习能力、掌握的行业业务知识、项目管理能力、逻辑思维能力、表达能力、写作能力、资源整合能力、较高的情商等，分别说明这几种能力在售前工作中如何发挥作用，并具体描述需要的能力水平。本章可帮助读者正确认识自己，补足差距，快速成长。

2.1 冰山模型

售前是一个对综合能力要求很高的岗位，并不是所有的人都适合做售前。一般来说，除了那些标准硬件厂商，其他公司很少会让刚毕业初入职场的人来做售前，而是会找那些做过几年技术，同时具备较好的写作能力、表达能力的人，内部培养为售前，或者从公司以外的渠道招聘有工作经验的售前。

在任何岗位上，做好一项工作都需要关注三个层次：上层是知识和技能，中间层是通用能力，也叫可迁移能力，下层是一个人底层的特质，包括天赋、性格、价值观。我们可以从这三个层次上对照自己的能力特点，评估自己是否真的适合售前岗位。

1. 知识和技能

先来谈第一个层次——知识和技能。

客户和公司能够看到的是你平时表现出来的技能和你掌握知识的广度与深度。

在这个时代，知识的获取是相对容易的，各种培训渠道、慕课、知识付费等都是我们获取知识的良好途径。一个人即便没上过大学，只要愿意学习，也可以拥有大量的知识。

技能是知识的运用过程中获取到的能力。知识需要学习，但掌握技能，最重要的是练习。以售前必备的PPT制作技能为例，一般来说，一个人经过几个月到一年的刻意练习，都可以成为PPT高手。

在现代社会，掌握知识和技能是做好工作的必备条件。但其实知识和技能本身的溢价能力已经不高了，即便你掌握的是相当冷门的知识和技能，一旦这个行业是向市场开放的，也很快就会涌进来一大批和你能力差不多甚至更好的人才来跟你竞争。但这并不意味着我们要放弃对知识和技能的学习，在任何一个行业，我们要想做到及格线以上，都必须首先掌握这个行业必备的知识和技能。在售前这个岗位上，你必须掌握的知识和技能包括专业技术、制作PPT的能力、行业的知识、项目管理知识等。

2. 通用能力

中间层是一个人思考问题和做事情的方式，也就是通用能力。这就是我们要谈的第二个层次。

在售前岗位上,通用能力包括你的学习能力、写作能力、表达能力、组织能力、领导能力、资源整合能力等。而所有这些能力都建立在一个人的思维模型之上,所以通用能力和思维模型其实是相通的。通用能力是一个人做事情所展现出来的,做事情的方式来自于习惯,习惯又受思维的驱动,思维是自身头脑中思维模型的输出。因此,要在通用能力这个层次上做到优秀,就必须建立起优秀的思考事情的方式。

说通用能力是可迁移的,是因为无论做什么工作,要想做到杰出的地步,这些能力都能够用得上。我们在评价一个人才的时候,经常说"这个人无论干什么都能够成功",意思就是他具备很好的通用能力,即便是换一个行业,他只需要快速地掌握这个行业特定的知识和技能,就能比其他人干得好。

3. 底层的特质

下层是一个人的天赋、性格、价值观,以及元认知的能力。这就是我们要谈的第三个层次。这些因素受基因、教育、环境、个人经历的影响,很难被改变。

价值观是你判断事物的标准。做售前要具备正确的价值观:不坑害客户,不危害公司的利益,不给同事挖坑。成年人的价值观很难被改变,但是可以被自我和环境约束。

性格在日常生活中体现为个人的行为偏好:你是更喜欢和别人打交道的外向型的人,还是更喜欢和书本、电脑打交道,和自己对话的内向型的人;你更喜欢领导别人,还是更适合做别人给你安排好的工作,等等。做售前,外向型的人可能会感觉更加轻松,但近年来大量的研究表明,内向型的人也能取得成功,甚至很多公司的 CEO 都属于内向型的人。内向型的人更愿意反思自己,总结不足,而这种能力在售前这个岗位上非常关键,是取得进步的前提。

天赋一方面是基因决定的,天生的,所以才叫天赋,另一方面,很多人其实不知道自己真正的天赋在哪里，所以，天赋是需要不断地尝试、逐渐发现的。

元认知能力在最近几年被越来越多的人所重视。所谓的元认知，是美国心理学家 J. H. Flavell 在 1976 年提出的概念，意思是"反映或调节认知的任一方面的知识或认知活动，即认知的认知"，也就是你对自己思考过程的认知与理解。换言之，元认知就是让你清晰看见大脑具体处理的过程，并由你自己来全权接管整个思考过程中的各个环节。具备元认知能力的人和不具备这种能力的人，其思考能力和工作能力绝对是在两个完全不同的层次上。

上面这三个层次共同构成了一个人完整的能力模型，可总结为冰山模型，如图 2-1 所示。

图 2-1 冰山模型

一个人就犹如一座冰山，别人看到的，只有水面上的部分。但我们自己却必须更加全面地认识自己，因为无论做什么工作，一个人必须具有审视自我的能力，以判断自己是否适合当前的岗位或者在这一行是否有潜力。一个人倘若无法客观地评价自己，不知道自己的长处在哪里，短板在哪里，就犹如一个将军不了解自己的兵力就贸然带兵上战场，他的失败几乎是必然的。所以，做任何重大的决定之前，我们首先要审视自己：我真的适合做这件事吗？

工作和伴侣一样，选择"合适"的比选择"优秀"的更重要，毕竟我们一生要工作很长时间。要判断你自己是否适合做售前工作，可以参考前面的冰山模型，从多个维度来客观地评估自己，有些方面如果暂时达不到也没关系，你认为自己具有这方面的潜能也是不错的，给自己一些成长的时间和空间。但是如果你真的很讨厌和人打交道，甚至有社交恐惧症，或者你丝毫不具备学习的热情与能力，又或者你很讨厌写作，那就要谨慎选择了。

2.2 售前应该是 π 型人才

这一节着重分析上述能力模型中的第一个层次——知识和技能，看看在知识和技能层面，售前应该具备什么样的素质。

从知识与技能的深度和广度两个维度来评估，人才一共有五类，分别是"一"型人才、"1"型人才、T 型人才、"十"型人才、π 型人才。

"一"型人才有很广阔的知识面，上知天文下知地理，但是缺乏对某一个领域的深入研究。人们常用"知道分子"来形容这一类人。

"1"型人才和"一"型人才正好相反，他们长期在某一个特定领域里深耕，对别的领域缺乏兴趣。我们生活在知识爆炸的时代，很多创新来自于不同领域之间知识的连接。所以这一类人才对社会变化的应对不足，个人发展也容易受到限制。

T 型人才结合了前两者的优势，既有知识的宽度，又是某一领域的专家，同时又能很好地适应社会的变化。T 型人才在职场上非常受欢迎。

"十"型人才是 T 型人才的变形。"十"型人才指的是在 T 型人才中敢于冒险、敢于创新，在某个专业领域做出了突出贡献的人才。

但笔者认为，要成为一名优秀的售前，成为 T 型人才甚至"十"型人才还不够，而是需要成为 π 型人才。π 在 T 下面又多了一竖，相对 T 型人才，不仅具备广阔的知识面,而且在至少两个领域具有高深的造诣和专业技能。对于售前来说,这两个领域,第一个是专业技术能力,特别是公司产品相关的技术能力。如果公司的主要产品是大数据平台,售前就必须成为大数据产品领域的专家;如果公司主要提供云计算服务,售前就必须成为云计算领域的专家。第二个是行业与业务知识。如果你是做金融行业的售前,就要非常懂金融知识;如果你是做房地产行业的售前,就要成为房地产行业的专家。

π型人才如图2-2所示。

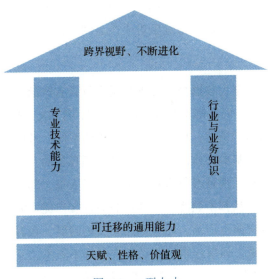

图2-2 π型人才

2.3 售前应具备的知识和能力

第1章中说过,售前本质上是"技术型的销售"。与销售相比,售前要更懂技术;与其他岗位的技术人员相比,售前的技术能力要更加全面。而"冰山模型""π型人才",只是售前能力素质的概述,因此,这一节将把前面两节所讲的售前能力模型拆解得更细。

下面阐述售前应该具备的6项能力素质。其中第1项和第2项属于冰山模型的最上面一层，即知识与技能；第 3～6 项，属于冰山模型中的第二层，也就是可迁移的通用能力。至于底层的天赋、性格、价值观、元认知能力等，笔者认为一半靠天生，另一半靠自己的不断反思与觉悟，别人无能为力。

2.3.1 技术能力

1. 熟悉自己公司的产品

在客户眼中，售前是代表公司的产品专家，面对一个陌生的产品，当然要依赖专家的指导。所以售前要非常熟练地使用产品，能够演示给客户，同时对于自家产品的不足、自家产品与竞争对手产品的对比要心知肚明，以避开不必要的坑。

笔者服务过的一家大数据公司要求公司全员具有产品操作能力，并且纳入考核，一年两次考试，两次都不通过的自动离职，连 HR、财务、运营等岗位也都在被考核的范围内。当然，根据岗位、职级的不同，考试的范围和难度有所区别。但是对产品的基本操作能力是全员都必须具备的，比如完成一个离线数据的开发与治理流程。这种考核方式看上去不近人情，却值得我们思考。如果一个员工连自家的产品都不熟悉，又如何服务好客户呢？尤其是身处一线的售前，需要经常给客户演示产品，回答产品相关的问题，在客户眼里，我们就是产品专家、技术专家，如果连自己公司的产品都不熟悉，又如何能完成这些日常任务呢？总不可能拜访客户还经常拉着后端的技术人员一起去吧？

所以，作为售前，对自家的产品越熟悉越好，如果在给客户演示产品、做产品功能和性能的测试时出现一问三不知的尴尬，无论前期的交流如何顺畅，客户对公司的印象也会打折扣。

2. 通用技术储备

技术储备是售前的基本功。售前对技术的研究未必要像架构师、研发人员那般深入，但是在技术的广度上要求更高。这里所说的技术不仅仅局限于自己公司的 IT 技术，还包括行业里的主流技术、竞争对手采用的技术、前沿技术趋势等。技术的储备没有捷径，只能靠项目中的积累和自我学习，这也是优秀售前很依赖经验的原因。

在笔者看来，作为一名 IT 售前，必须掌握但不限定以下技术。

- 架构知识。要熟悉业务架构、技术架构、功能架构、部署架构等，熟悉 SOA、微服务、Serverless、大数据平台、云计算平台等架构方面的常识。
- 技术与业务场景的结合。知道在某个特定的行业、特定的业务场景适合采用什么技术架构和产品。行业众多，我们至少要知道我们的客户所在的行业通常采用什么样的技术架构。
- 数据库知识。数据库已经是 IT 的基础设施之一了，所有的系统无论大小都会用到数据库。作为售前，需要搞懂各种主流数据库的特性，以及它们之间主要的区别和适用的场景。客户最常问的问题之一就是："你的产品是否能适配我现在的数据库？"
- 操作系统知识。这里强调的是掌握 Linux 系统的常用命令。现在的大型软件几乎都安装在 Linux 系统中，我们要熟悉各种 Linux 发行版本，清楚自家公司的产品适配哪些 Linux 版本。
- 网络知识。网络知识包括常见的网络协议，专网、公网的不同应用场景，路由器、跳板机、防火墙及反向代理登录等。
- 存储知识。存储知识包括常见的存储厂商，存储技术的演化，DAS/NAS/SAN 组网，磁盘阵列，热备、快照与复制，数据分级存储的方案等。
- 云计算知识。云计算是新一代的 IT 基础设施，现在越来越多的企业在从传统的私有化部署模式向云计算模式转型。我们至少要清楚公有云、私有云、混合云几种不同的云计算架构，知道 IaaS 层、PaaS 层、DaaS 层、SaaS 层各自的定位是什么，在一个基于云平台的技术方案中能清晰地把这几层划分出来；要清楚客户采用的云基础设施，客户在云计算方面的需求；还需要掌握超融合、云安全、云灾备等云计算中的重要概念。
- 编程语言知识。至少熟悉一门常用的语言，必须知道自家公司的产品前后端是哪些语言开发出来的。在这方面，做过程序员的售前有天然优势。

- 软件产品知识。除了自家的产品和竞争对手的竞品之外，也要清楚市场上常见的软件产品，包括应用开发平台、门户系统、大数据开发平台、数据共享交换平台、数据建模工具、数据可视化软件、统一流程引擎、企业服务总线、云管控平台等。
- 硬件知识。一个大型的集成项目中往往还会包含硬件设备，所以一名IT售前必须要知道业内知名的硬件厂商有哪些、它们有哪些代表性的产品，熟悉交换机、路由器、防火墙、服务器、存储、监控摄像头、门禁、IoT设备等。
- 信息安全知识。一个完整的信息化方案中，信息安全的设计是必不可少的。我们要了解常见的信息安全知识，如加解密算法、数据脱敏、数据分级分类、数字签名、身份认证、防火墙、VPN技术、SSL协议攻击、安全态势感知等。
- 行业内各大厂商主流的解决方案。通常来说，厂商都有自己着重耕耘的行业，也有自己的主力产品，我们在市场上经常会碰到竞争对手，所以，熟悉行业内各大厂商主流的解决方案和产品非常重要。
- IT前沿技术知识。IT领域的前沿技术、新概念层出不穷，不一定要逐一深入研究，但了解其代表的意思还是很有必要的，否则和客户交流的时候，就可能会发现你们不在同一个频道上。有一次在一家大型卷烟厂，笔者在和客户沟通的时候，竟然不知不觉聊到了量子计算，若不是平时读了一点相关的文章，当时就尴尬了。所以有时间研究一下如区块链、机器学习、边缘计算、量子计算等知识还是很有必要的，不仅能拓展知识面，同时和客户聊天的时候能有更多话题。
- 其他IT知识。如果你从事的行业里应用的某些IT知识上面没有列出来，但是竞争对手和你的客户都在采用，你还是非常有必要专门去研究一下，以掌握其中的主要内容。记住，在客户面前，我们是可信赖的专家，我们必须要比客户懂的更多。

IT领域的技术更新很快，售前要对技术的发展保持敏感，遇到新的知识要敞开胸怀去接纳、去研究,并纳入自己建立起来的知识体系中。

2.3.2 业务能力

1. 行业知识

通常来说,一家 IT 公司都服务于某一个或某几个特定的行业。这是因为市场竞争下,服务的专业性变得格外重要,而专业性是需要在一个行业里长期耕耘、长期沉淀的。

只会介绍自己公司产品的售前,是最初级的售前。而深耕并掌握了行业知识的资深售前,可以成为某个行业的咨询专家。他了解行业的过去,能分析现在面临的挑战及预测未来的发展趋势。他能解读企业的经营战略,快速地厘清客户的组织架构、业务架构,找出企业的问题所在,并给出最适合企业的解决方案。

如果你决心在某个行业长期耕耘下去,平时需要多去行业相关的网站上浏览,以熟悉国家对这个行业的定位与支持力度、出台的法律与政策、行业动态、行业标杆、行业里有影响力的人物等,最终形成你对行业的独到见解。

2. 理解客户的业务

要为客户提供更好的服务,就必须要深刻地理解客户的业务。笔者强烈反对每个行业的业务都做。你不可能既懂政府的业务,又懂出版业、烟草业、制造业、交通行业等。即便是做 to G 的生意,政府内部的多个部门之间的业务也千差万别。如果你每次见一个新的客户,都是"半瓶水"的状态,是说服不了客户采用你的解决方案的。

在同一个行业中,每一个具体的客户的业务也是不一样的。以房地产行业为例,业务遍布全国的大型房地产公司和深耕某一个省的区域性房地产公司,其业务形态有较大的差异,信息化基础也有很大的差异,对数字化转型的要求也不一样。我们在拜访某一个具体的客户之前,一定要研究这个客户的业务,包括它的市场、组织架构、企业文化、信息化基础、未来的规划等。

只有先理解客户的业务，我们才能敲开客户的大门。

3. 项目管理知识

你可能会说，本书明明讲的是售前，为什么需要了解项目管理知识呢？那不是项目经理才应该关心的吗？

售前掌握项目管理知识，绝对是必要的。正如第 1 章中在讲售前和项目经理的关系时谈到：为了解决售前阶段和项目交付阶段的脱节问题，有些公司会做"项目管理前置"的动作，把项目风险的识别、项目成本的评估、项目干系人的识别和管理等工作提前到售前阶段来进行。这个工作最好由项目经理来主导、售前来配合完成。但如果在售前阶段还无法确定项目经理，或者出于其他原因暂时没有项目经理，那这个工作肯定只能由售前来完成了。这就是为什么售前必须懂项目管理知识。

项目管理是一套完整、复杂的知识体系，售前至少要清楚其中几个重要的知识点，如干系人管理、风险管理、成本管理、范围管理、时间管理、项目交付等。而每个项目又各具特点，需要根据客户的实际情况调整项目管理的策略。

2.3.3 学习、思考、写作与表达能力

1. 学习能力

IT 行业是一个日新月异的行业。无论什么岗位，都需要不断学习，才能跟上行业发展的脚步。作为经常接触市场、接触客户的售前岗位，更要与时俱进，站在行业的前沿，掌握最新的知识，才能让客户信服。

学习的方式有很多种，笔者依个人经验推荐两种比较有效的方法：复盘和绘制自己的能力模型图谱。

当一个项目完成后，无论成功还是失败，公司内部都有必要召集参与项目的人进行一次复盘，哪些地方做得好，哪些地方做得不好，都要暴露出来，真

实、有效地反馈给每一个人。如果公司层面没有人组织，个人也有必要进行一次复盘，用一个站在第三方的、更加客观的视角，给自己有效的反馈。

能力就像一棵树，有许多分叉，需要一个体系把所有的能力组织起来。这条经验不仅仅适用于 IT 行业的售前岗位，实质上适用于每个需要复杂技能的行业。分析自己的岗位所需要的能力模型，按照这种能力模型要求，对照自己当前拥有的能力，绘制一张能力模型图谱，你的优势和差距就一目了然。接下来，根据这张能力模型图谱，制订你的定期提升计划。需要注意的是，在一个提升计划周期内，最好重点提升一种能力，最多不超过两种，否则你就会陷入因为选择太多而无法具体执行的境地。

2. 逻辑思维能力

在 IT 公司的各个岗位中，笔者认为售前这个岗位是最需要逻辑思维能力的。这是因为售前经常要与客户交流，在客户面前演讲，还要输出大量的文档，所有的这些说和写都需要逻辑思维能力。倘若一个售前输出的语言文字前后颠倒、逻辑混乱，结构如同一团乱麻，不能自圆其说，又怎么可能让客户信服呢？

好在逻辑思维能力是可以训练的。在业界，大名鼎鼎的《金字塔原理》绝对值得你去研读并实践。《金字塔原理》讲的内容的本质就是一种结构化的思考和表达能力。

最基础的逻辑思维能力就是对表达的观点进行排序。会议上你要表达三个观点，那就事先表明："我今天主要表达自己对这件事情的三个观点。"然后分别阐述这三个观点，最后再总结一下。就这样一个简单的"总—分—总"结构，把观点按照主次、重要性或者基本观点衍生出新的观点，或者将时间顺序、空间顺序、流程顺序做一个排列，只要能做到这一步，你的逻辑思维能力就已经超越了大多数人。

再次强烈推荐《金字塔原理》一书，这本书值得一读再读，只要运用于实践，一定会收益颇丰。

3. 表达能力

很多人认为，表达能力是售前最重要的素质。不可否认，一名优秀售前的口才必然不差，否则他不可能成长为一名优秀的售前。但在本书中，笔者把逻辑思维能力放在前面，把表达能力放在后面，其实是想说明：对于售前来说，逻辑思维能力是表达能力的基础。我们要表达的，其实是我们头脑里已经想清楚、整理好、层次分明的内容。口才是逻辑思维能力基础上的锦上添花。

真正的表达能力绝不是说话眉飞色舞、夸夸其谈，而是需要情商作为底层支撑，需要我们平等地对待我们的谈话对象，并且尽量理解对方的立场。表达能力并非一朝一夕可以习得，但我们还是可以从一些小技巧入手。

举个例子，笔者非常尊重的一位售前，他就有很多表达技巧，比如他会在客户讲完后，先说："我特别赞同您刚才说的一个观点，我来总结一下我的学习感受……"然后才开始顺着客户的观点，讲出自己想讲的话。我见他用过无数次这种技巧，屡试不爽。

表达和写作一样，都需要平时积累足够多的素材，比如生动的比喻，可以佐证你观点的故事、案例等，并且不断练习。这样在需要这些素材佐证我们观点的时候，就能信手拈来。

4. 倾听能力

笔者在刚做售前那几年，发现自己有一个明显的缺点：喜欢抢话。往往客户一段话还没有说完，我就抢过话头，把我的理解表达出来。

说实话，在其他场合，我一般并不这样。后来我深刻地分析了这样做的原因，发现是因为刚做售前那一两年，害怕自己干不好，不能胜任工作，所以总想着如何表现自己。就是这种表现欲，让我经常忽视对面人的感受。虽然表明了自己确实专业，但是很可能给客户留下不懂事的印象。

倾听能力，可能是比表达能力更重要的一种与人交流的能力。

倾听可不只是不打断对方说话那么简单，很多人在倾听的时候，其实是假装在听别人说话,心里一直在准备一会儿自己的发言。有经验的人从一个人的眼神和表情里就能直观感受到对方是否在倾听。

培养倾听能力,除了设身处地地为对方着想,具备基本的理解对方的素养之外,还有一些技巧可以提升自己的倾听能力。当然,所有的技巧都是建立在真诚的基础上的。

- 抱着向对方学习的态度开始一场和客户的交流。过程中适当地向客户请教一些问题。
- 可以适时地表达对客户观点的赞同。比如:"您刚才说的某某观点我特别赞同,很受启发。"
- 在自己发言前,先总结对方刚才表达出来的核心思想,这也是共情能力的表现。最好能征得对方的允许,再表达自己的观点。
- 如果对方的发言较长,可以一边听,一边记录对方的核心观点。这样做一方面可以展现出对对方的重视,另一方面也可以为接下来自己的讲话做好铺垫。
- 全程要充分尊重对方。如果你不尊重对方,对方根本不会听你的观点。
- 从对方的语言中尽量寻找共识,而不是执着于分歧。无论双方对于事物的看法有多么不一样,还是可以寻找到一些基本的共识的。最起码我们都是为了项目的成功,不同之处仅在于实现的方式上。

抱着真诚、尊重、合作的态度去倾听对方的表达,这是一个需要不断改善、长期积累的习惯。一旦做到,你会发现自己与人交流的境界又提升了不少。

5. 写作能力

著名作家史蒂芬·平克在《风格感觉:21世纪写作指南》一书中说:"写作的困难之处就在于将网状的思想,通过树状的句法,用线性的文字展开。"这真是对写作的精妙描述。

技术写作和文学创作不同,并不需要华丽的辞藻、高深的意境,不需要使用很多修辞手法和表达方式,而是要在有限的篇幅里,通过结构化的组织方式把观点表达清楚,并用事实佐证,达到说服客户这个最重要的目的。

除了逻辑清晰、事实有力之外,售前的技术写作还有一个要求:快。售前往往需要在极短的时间里写出一份方案,提交给客户。常见的要求是一周之内出一份几百页的标书。靠打字当然不可能,这就需要用到资源整合能力。从整合好的资源里面选择、裁剪,形成一份合格的文档,这种能力对售前来说是必不可少的。

写作是能让我们受益终身的重要技能。作为一名售前,除了在工作中通过写作完成交流材料、交付的文档等任务之外,平时还需要刻意地练习写作。比如想了解一个新的行业、学习一门新技术的时候,通过写作,我们往往能发现很多自以为掌握的知识其实还是一知半解,这样可以回过头来弥补我们欠缺的知识点。

除了盘点我们的知识体系,写作还能帮助我们训练逻辑思维能力。我见过很多技术人员写出来的东西缺乏基本的结构,缺乏观点的提炼,分不清事实和观点。在结构上,连一二三四这样的排列都没有,更不用说总分总、层层推进,甚至金字塔这样的结构化模式了。没有任何观点的提炼,通常是一大篇文字,东拉西扯,看不出来究竟想表达什么。另外,很多人在写作中使用的素材局限于自己的感受和观点,对事实引用太少或者歪曲事实。正因为大多数技术人员都不擅长写作,如果我们能在写作上达到一个较高的层次,对于职业发展来说,有百利而无一害。我们在工作中可以选择一位擅长写作的同事作为提高写作技能的榜样,或者有一个把关人,如上司或带我们的资深员工,他们能经常指出我们写作中的不足,经过自己的刻意训练,要不了多久就能掌握写作的基本技能。

最后,笔者分享一下自己的一些写作经验。

第一,先写大纲,通过大纲把思路理清楚。

第二,写作本质上是一种沟通。在写作之前,不妨先站在别人的立场上思考一下:读者是谁,他想看到什么,他希望用多长的时间读完我的文章。在修改的时候,可以换位思考:如果我是读者,我希望看到什么。

第三，文章要观点清楚、行文简洁、用词准确。

第四，讲清楚事实，要多用动词和名词，少用形容词和副词，除非是写给领导的汇报材料、发言稿。

第五，既要有专业术语，又要用大白话把术语解释清楚。

第六，对于普通人来说，写作是门手艺活，也就是一门技术。既然是手艺活，就需要大量训练，在训练中提高。

第七，在写作的过程中，可以先用加法，用大量论据证明自己想要表达的内容，再用减法，把没用的材料删掉，将自己的核心思想凸显出来。

第八，写完一定要多修改几遍，不要怕麻烦。在修改中，一篇平庸的文章就会逐渐变成一篇更好的甚至是精彩的文章。修改的本质是反思和改进，修改过程也是我们的写作技能进步最快的时候。

一开始的训练可能会比较痛苦，但是一旦你养成了良好的写作习惯，写作就像是水从自来水管里流出来一样，毫不费力了。

需要说明的是，以上写作经验不适用于标书。近几年，国内的商业环境有一个现象，就是投标文件越做越厚，我见过最厚的投标文件有3000多页，正本加副本堆起来比人还高。这么厚的投标文件，评标专家不可能在有限的时间里全部看完，能认真看完目录和评分项就不错了。投标人仿佛是在用这种方法宣告自己对这个项目的决心和努力。在这种畸形的竞争下，负责写标书的人只能复制粘贴，像拼积木一样把投标文件完成，其中绝大部分的内容可能都没用。

2.3.4 资源整合能力

1. 整合手里一切能用的资源

面对一个项目的时候，没有一个人能拥有所有的资源，我们通常需要整合多个部门、公司内外、行业内，甚至客户的资源，以服务好客户。资源整合并不是在项目需要的时候才开始进行,而是在平时就要注意整合与积累,这样用的时候才不会临时抱佛脚。售前需要整合的资源如下。

- 方案资源:整合公司内部的方案资源,最好推动公司建设一个知识库。公司外部、行业内的方案资源平时也要多注意收集。
- 人脉资源:整合公司内外部的人脉资源,一起为项目出力。比如涉及 PoC 的时候,能否调动后端技术人员的资源就显得尤为重要。同时,人脉圈不仅仅是拿来做利益和价值交换的,更多的是拿来学习的,向优秀的人学习。这才是人脉圈更大的价值。如果你能够在你的人脉圈里找到和你一起学习、共同进步的人,那更是一种幸运。
- 客户资源:包含两个层面的客户资源整合。第一个层面,客户内部。客户能否和你站在一起,共同去说服他的领导和同事。第二个层面,客户外部。客户是否愿意为你站台,在行业里发挥他的影响力,帮你宣传。之前,笔者服务过的一家公司在北京有一个出版行业的客户,每每公司举办重大活动这个客户都愿意来帮公司站台,发表演讲,不厌其烦地表达公司帮他们提供的数字化转型服务带来的巨大价值。当然,协调高层客户资源需要销售和售前共同努力,甚至需要公司的高层出面。但是作为面对一线客户的售前,我们自己本身必须具有整合客户资源的意识,并且主动地为客户做些事,比如帮客户确定演讲的主题、撰写演讲稿等。

整合客户资源必须做到互惠互利,不能只向客户索取,不提供回报。

2. 团队合作能力

售前是一个协调多个部门,甚至协调客户的资源,再配合销售,共同完成售前阶段工作的岗位。售前岗位对于团队合作能力的要求比其他岗位更甚。

责任心方面,要求我们按时、高质量地完成自己负责的工作,不给同事添麻烦,更不要给同事挖坑。向领导汇报工作也是责任心的体现,一个有责任心的下属会帮领导分担工作,他不会只给领导制造问题,而是会同时提出两到三项解决方案,供领导决策。

当我们和同事的观点起冲突的时候，要针对事情，不要针对人。要做到不针对人，就需要站在对方的立场上来看待问题、思考问题。

做到尽职尽责，换位思考，你就是一个具备团队合作能力的人。其他的协调能力、组织能力、动员能力等，都是在这个基础上建立起来的。

2.3.5 认知与决策能力

1. 极强的责任感

售前是一个直接面向市场、服务客户的岗位，其工作的成败直接影响公司的收入和在市场上的形象。所以，售前是一个需要极强责任感的岗位。

前两年，笔者的团队里有一位售前，他的方案能力、表达能力、技术能力都还不错，但是责任心不强。有一次，笔者组织四位售前一起突击一份标书，分工下去后，大家各自开干。到周五的时候，笔者组织大家一起交叉检查。结果这个人说自己有别的事情，来不了了，我只好把他的这部分检查交给另一位同事。

到了第二周，要合稿了，又需要大家坐在一起来修改。没想到这个人又说客户让他必须去现场对方案，这次又来不了了。笔者马上给客户打电话，客户说是叫他来了，但不是必须今天来，什么时候来都可以。

经过这两次后，笔者立即把他从这个投标小组里移除了，并且找他严肃地谈了一次话。他认为自己是老员工，水平比较高，所负责的那部分已经写完了，不会有什么问题，所以没必要检查，剩下的手工活让其他人干就行了。可事实上，他负责的部分检查出来不少错误，有些错误还是致命的。

笔者想了想，这样的人就算再聪明也不敢用了。一个没有责任感的售前，不仅会极大地增加项目失败的风险，还会给团队带来不利的影响。

售前的责任感体现在四个层次：为客户负责、为公司负责、为团队负责及为自己负责。

客户是公司的收入来源。所有的市场营销活动都应该通过为客户创造价值，实现双赢来达成合作，而不是坑蒙拐骗，只做一次生意。

员工与公司之间本质上是一种合作和交换的关系。缺乏责任感的人，容易养成轻视工作、敷衍了事的习惯，这种工作态度就是在破坏这种合作关系。尤其做市场工作的员工，有时候不得不在客户利益和公司利益之间权衡，笔者的经验是，如果必须做决策，那么在决策过程中不要掺杂私心，可以本着问心无愧的态度处理好这种权衡关系。

通常来说，在一个项目售前的过程中，一个人无法完全处理所有的事情，背后需要同事的支持。可以为这个项目成立一个临时组织，召集销售、售前、研发、项目经理、产品经理、商务等岗位的同事一起配合，共同攻坚。如果因为某一个人缺乏责任心，而导致这个项目失败，就是最大的不负责任。对于售前来说，经常要负责写标书等非常细致的工作，尤其需要强烈的责任心。同时，在 IT 行业中，大家戏称售前和销售是负责挖坑的，项目经理和实施交付的人是负责填坑的，如果售前阶段给客户过高的预期，会导致项目后期很难交付。在职场上，一个非常重要的素质就是"不要给同事挖坑"。

工作不仅仅是为客户和公司创造价值，更是为了自身的成长。公司当然希望我们能够快速成长，但是公司不会为员工的成长负终极责任，只有个人才能为自身的成长负终极责任。有句话叫作"我们都是在为自己的简历打工"。如果通过工作，既能收获金钱，又能收获能力，岂不是相当于在用公司的资源完成自我成长？

想清楚工作为谁而干，为谁负责，是我们干好一份工作的前提。

2. 百折不挠的信心

每个行业要想成功都需要自信，为什么笔者会特别提到自信是售前的必备素质呢？是因为售前这项工作的特殊性，那就是失败的次数远多于成功的次数。

作为售前，我们在工作中会遇到各种各样的客户。比如笔者曾经遇到一位客户，一天之内"反复"修改 6 遍方案，即便是同一个功能点，客户的要求也前后不一、变幻莫测。遇到这种情况，我们很容易产生怀疑——

要么怀疑客户不懂，或者故意刁难我们。

要么怀疑自己是不是能力不行。

甚至两边都怀疑。

这个时候，对自己的信心就非常重要了。但这种信心不是盲目的，不是每天早上给自己打鸡血，而是建立在对自己客观评价的基础上。作为一名售前，要对自己的能力有一个比较客观的认识，在这个基础上形成对自己的信心，不因为外界的评判而动摇，否则这份工作是坚持不下去的。

有了这种自信作为基础，接下来你唯一需要做的就是客观地评估在你与客户之间存在的"沟"究竟是什么，然后努力把这条"沟"填满，与客户的手握在一起，其他的因素不用考虑太多。

自信还体现在可以被替换上。一个人不可能被所有人喜欢，即便是明星也一样。人与人之间有时候就是气场不合。如果你和客户就是彼此没有默契，聊不到一块儿，那就换一个人，不要强求你被每个人喜欢。你知道自己的价值，所以不要怀疑自己。

我们在售前过程中会接触到很多客户、很多项目，但其中大多数的交流都会无疾而终。我们去投标，两次能够中一次就不错。如果碰到这种情况特别容易产生两种状态，一种是对自我的强烈怀疑，另一种是抱着无所谓的态度，慢慢成为一个"老油条"。而如果具有建立在客观评价之上的自信心，就能客观地分析项目失败的原因，自信地面对下一个挑战，不会被存量所拖累。

所以，售前必须有百折不挠的信心，才能在这个行业坚持下去。

3. 较高的情商

售前是一个需要经常与人打交道的职业。在与人打交道的过程中，让对方感觉到放松和舒服，是一项重要的能力。这需要我们具备较高的情商。

许多人对情商这个词有较深的误解，误以为情商就是以别人的感受为中心，运用情商的目的就是让别人感到舒服，从而达到自己的目的。但笔者对此有自己的看法，在笔者看来，真正的高情商，不是花言巧语讨好对方，或者让对方赞叹自己的高情商。真正的高情商是保持自我的同时，懂得换位思考，真诚地为他人着想，在这个基础上寻找双方的共同点，最终创造达成合作的关系基础。运用情商的目的是在彼此充分尊重的基础上达成共识，而情商的核心不是技巧，是真诚。

对于售前这个岗位来说，无论如何强调换位思考的重要性都不为过。笔者在第 1 章中讲过，售前最重要的能力是穿透力——我们的行动、方案都必须触达客户的思想和内心，客户才愿意和我们一起推动项目往前走。要达到穿透力这个目标，最需要掌握的就是"换位思考"这种思考方式——

如果我是客户，我会怎么做？

如果我是竞争对手，我会怎么做？

如果我是客户，我对自己写的这份方案满意吗？

如果我是评标组里的专家，我会对这份投标文件打多少分？

如果我是销售，我对售前今天的工作满意吗？

如果我是领导，我对自己的成长满意吗？

……

经常做这样的换位思考，受益无穷。其实这也没什么可神秘的，凡是与人打交道的工作，最重要的工作技巧永远是换位思考。

4. 穿越不确定性的迷雾

在第 1 章中阐述过，售前面临的最大挑战是不确定状况下的竞争与风险控制。这种不确定性和复杂性包括复杂的社会形势、市场局面、摇摆不定的客户、多变的竞争对手、充满各种风险和不确定性的项目。即使是与你配合的同事，也充满着不确定性。所有复杂的因素交织在一起，相互作用，共同构成一大片灰色的区域。在这片灰色的区域里行事，常常会让我们无所适从。

面对这一类问题时，我们需要保持开放性，摒弃先入为主的观念，接受不确定性的同时，敢于在灰色的区域内做出明确的决策，并勇于承担后果。这就是所谓的灰度认知、黑白决策。

影响因素是多样的、易变的，面临的环境是不确定的，所以我们的思考最好是发散的、开放的，也就是开放地考虑各个维度的选项，并赋予权重，这叫作灰度认知。在这种环境下我们不能什么都不做，必须要做出决策，这种决策必须是收敛的、闭合的、清晰和果断的，所以叫作黑白决策。用一个词语来概括这种思考和行事的方式，就是"思圆行方"。这是一种在不确定性下的生存之道。

举个例子：作为售前，如何识别项目中存在的灰色区域，并正确应对？如果发现公司的产品解决方案和实施能力无法完全覆盖客户的需求，但销售为了拿到项目，已经对客户做出了可以实现的承诺，客户也因此提升了预期，遇到这种情况，我们是不是就直接告诉公司领导这个项目有风险，干脆放弃？当然不是，市场上真正完全符合我们能力的项目少之又少，公司接不到项目，也就不可能生存下去。

这个时候我们就进入了一片灰色的区域，我们要做的是三步：第一步，识别风险；第二步，暴露风险；第三步，做出决策。

识别风险就是识别灰色区域中所隐含的风险是否在公司能够接受的范围之内。说到底客户的需求并不是一成不变的，公司的能力也在进步，尤其是公司对生态的整合能力，会极大地提升公司能力的上限。今天不能满足的需求，并不意味着永远都不能满足。即便是真的无法满足的需求，也可以和客户商量。若写到合同里的功能最后没有实现，也并不意味着项目就完全无法收尾。笔者就见过很多用"置换""扣减"等方式操作，最后顺利验收的项目。说到底，项目验收不是实施厂商一家的事情，也关系到客户本身的利益。换言之，在项目中，我们和客户的利益既是相对的，又是统一的。我们要清楚每一个项目都是有风险的，如果你认为没有，那只是因为你还没有意识到。关键在于发生这些风险的概率有多大，一旦发生是否可以计算其损失，这些损失是否在公司可以控制和接受的范围之内。

如果想清楚了以上这些问题，那么首先需要做的还不是决策，而是把这些风险充分地暴露出来，把你看到的风险呈现给销售、公司领导、项目经理。风险暴露的目的是让所有项目参与人达成一致。这一步还需要项目参与人坐在一起，为这些风险想好对策。这样做不是为了规避掉所有的风险，而是为了在项目实施过程中不让各种角色互相甩锅。

最后是做出决策。项目要不要做，往往不是由售前来做决策的，但是售前要发挥好专家的角色，给公司领导、销售提供专业的参考意见，帮助领导下定决心。

认知与决策的科学近几年发展非常迅速，要研究它，需要整合概率论、博弈论、心理学、行为科学等多方面的知识。有兴趣的读者可以找到这方面的著作，深入学习和研究。

不确定环境下的灰度认知、黑白决策，是作为一名售前必须具备的认知与决策能力。

2.3.6　形象管理能力

售前经常需要去客户现场做交流汇报，也算是比较正式的商务场合，保持礼貌而得体的衣着、谈吐、行为非常重要，否则无论你的产品多好、技术多牛，都可能因为不得体的行为而导致灾难性的后果。

笔者在服务某家公司的时候，曾经有一位同事对大数据的认知被咨询服务部的领导评价为"超过我们所有人"。公司也是花费比较大的代价把他招揽进来，事实却证明是一场灾难。

根据销售和其他同事的反映，他在客户现场有以下灾难性的表现：

讲 PPT 的时候突然兴奋起来，站起来手舞足蹈，冲到投影的荧幕前指指点点，把客户吓了一跳。

第一次见客户，非正式交流的中途拍着并不熟悉的客户的肩膀说："哥们儿，能不能拿根烟抽。"

客户提出异议的时候，当面指责客户不懂。

……

尽管他的理论水平很高，但最终没能生存下来，销售换了一圈，再也没有销售愿意带他出去见客户。最终还没有过试用期，他就被公司解聘了。

一般的人当然没有这么夸张，但如果不注意，也可能出现尴尬甚至闹出笑话。在笔者看来，在公司的时候，衣着各方面可以稍微随意一点，不必太刻意。但是如果出去见客户，至少要做到以下几点。

1）穿衣要得体。一般来说，在国内，只要不是重大的公开场合，并不需要西装革履。但是衣着一定要能体现自己的职业性质，春秋可以穿较为休闲的西装，夏天穿正式的衬衫，并且随时保持衣服干净整洁。如果出差，建议多带一套换洗的衣服，这样遇到意外情况能有备用。

2）气质要清爽。出去见客户前，可以清洁下头发和脸部，保持头发和脸部的清爽，最好不要呈现出一副油腻的样子。

3）名片随时准备好。在第一次见客户的时候，通常要互相交换名片。名片可以用公司统一的格式，也可以自己设计，但是要保持商务范，不要花里胡哨，印太多头衔。主动递名片，但不要主动问客户要名片，因为有时候客户是没有准备名片的。要经常检查自己名片盒里的储备是否足够，及时补充。

4）自我介绍要简短。通常在技术性的演讲开始前要自我介绍一下，目的是向客户表明自己的专家身份，表明自己是具备为客户做技术咨询的资格的，但介绍不宜过长。一般自我介绍控制在半分钟以内，简单介绍一下自己的职位和工作经验即可。

5）握手要注意力度和时间。在告别的时候，双方会握手致意。这时候可以微微用力,千万不要摇晃,也不要抓住不放,除非客户主动抓住你不放。不要主动伸手去握,当发现客户有握手的意愿后再伸出手来。

6)结束的时候表达感谢。演讲结束或拜访结束的时候,都要礼貌地感谢客户抽时间聆听和接待,不需要太郑重,真诚地表达出来即可。

2.4 本章小结

笔者在一家公司做技术团队管理时,上级曾经找到我,郑重其事地探讨一种可能性:能否大量地储备应届毕业生,让他们在市场上锻炼半年到一年后承担起售前工作,以此淘汰掉现有解决方案团队中不合格的老员工;让这种模式滚动起来,每年补充新的毕业生作为新鲜血液,在整个解决方案团队中形成"鲶鱼效应"。笔者当时是直言不讳地反对这种人才培养和团队管理方式的。

售前是一个对综合能力要求很高的岗位,没有多年的积累,很难做好这项工作。这也是售前岗位对年龄的限制没有那么死板的原因之一。

售前工作入行容易,但是要做到优秀,需要不断地学习提升自己的各项能力。读者可以对照本章的内容,检验自己的能力模型,看哪些方面是长处,哪些方面是短板。在笔者看来,一名优秀的售前所具备的能力和素质完全可以支撑他担任一个技术团队的管理工作。

第 3 章
售前全流程

对于市场人员来说,漏斗模型是市场营销管理中最常用、最好用的数据分析模型,它跟踪从获取销售线索到项目关闭的全流程,并对流程中的每一个环节进行数据分析。市场人员需要对销售链条上各个环节的转化率进行统计分析,根据数据的变化情况调整营销策略。

对于销售团队的管理人员来说,漏斗模型也是一项绝佳的管理工具,它可帮助管理者精准预测销售业绩。漏斗模型的原理非常简单,将每个阶段的销售额加总,乘以每个阶段的获胜概率,就可以加权得到整个漏斗的销售总量。如果预测未达到销售目标,就可以提前采取行动,及时调整策略。

常见的漏斗模型如图 3-1 所示。

根据这套漏斗模型,我们可以把整个项目周期分为以下七个阶段。

- 销售线索:通过各种渠道获得销售线索信息。
- 有效客户(商机):进行线索评分或者让市场人员进行确认,找出有明确需求的客户。

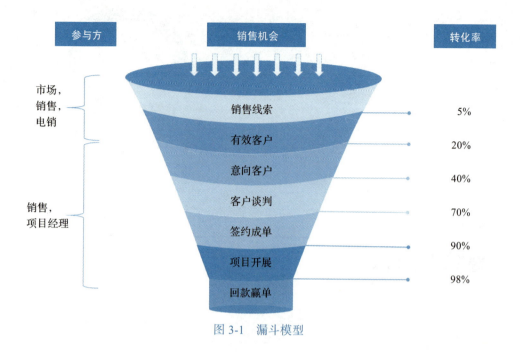

图 3-1 漏斗模型

- 意向客户:市场人员拜访意向客户,进行多轮技术和商务沟通,如产品演示、方案宣讲等。
- 客户谈判:双方经过谈判,就项目达成共识,直接采购或通过招投标采购。
- 签约成单:完成合同签署。
- 项目开展:项目实施交付。
- 回款赢单:项目交付完毕,收到客户打款。

图 3-1 和流程阐释是针对整个项目周期的,适用于销售或销售团队的管理人员。本书着重介绍售前的流程,因此,我们放弃全局的视角剖析项目的每个阶段,而只从售前的角度对以上漏斗模型进行一些变形和简化,将售前划分为如图 3-2 所示的六个阶段。

那么,有没有不需要前面冗长的售前过程,一上来就能投标的项目呢?有的。但这种项目一般是没有经过售前过程,直接去投标,通常原因是发现项目机会的时候已经太晚了,这种情况俗称"冲标",一般希望渺茫,参与者都是抱着侥幸心理上战场的。本书不介绍这种情况。

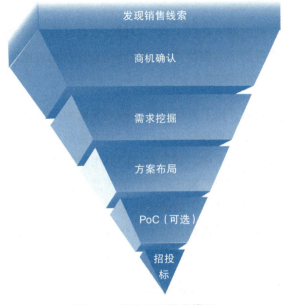

图 3-2　简化后的漏斗模型

3.1　售前的 6 个阶段

下面对售前的六个阶段中不同的工作内容做详细说明。

1. 发现销售线索

市场营销中，销售线索有多种来源，例如：在回访老客户时发现的新的销售线索，现场正在实施交付的项目经理的发掘，老客户的主动联系，朋友的介绍，招投标网站上的信息，老客户的转介绍，合作伙伴的推荐，上级和同事提供的线索，去陌生客户处拜访，行业交流会议等。

就像之前我们阐述售前和销售的关系时引用的打猎的笑话所揭示的那样，发现销售线索这个环节就是"寻找猎物"，通常由销售人员来执行，售前参与较少。规范的企业会使用专门的 CRM 软件来管理销售流程，要求市场人员每发现一条有效线索就录入 CRM 平台中。

2. 商机确认

销售线索与商机之间有什么区别？销售线索是针对潜在客户的，是指通过市场活动等方式获得的潜在销售机会，而商机是针对相对比较确定的客户，是指客户或客户联系人的采购需求。

在发现销售线索后，接下来就需要对销售线索的质量进行判断，这是一个从一大堆数据中分辨出信息和噪声的过程。并不是所有的销售线索都可以转化成商机。在录入的销售线索中，真正有意向的用户往往只占了少部分。很多线索的来源可能只是基于用户想要了解我们的产品或公司，甚至不排除是竞争对手的试探。在面对大量充满噪声的销售线索时，一套合理的销售线索评估机制就显得尤为必要，这套评估机制将线索进行打分和过滤，沉淀出真正值得公司投入资源跟踪的商机。

销售线索评估机制是企业在完成销售线索导入后，通过不同的评价维度对线索质量进行精细化的管理，从用户交互行为、联系人职务高低和重要性、需求清晰度、与公司能力匹配度、项目紧迫度等维度对用户进行评分，并计算出一个总分。通过销售线索评估机制可以使市场人员聚焦在高质量的销售线索上，而不会把宝贵的资源浪费在那些不合适的潜在客户身上，从而将销售线索转化成真正的商机。

销售在确认商机的过程中，通常需要参考售前的意见，除了以上几个维度对潜在客户进行打分之外，销售和售前还需要回答几个问题，未必给出最准确的答案，但应该可以做出一个大致准确的初步判断。

- 这是一个真实的、必须要实现的需求，还是只是客户的初步想法？
- 这个客户有预算吗？（这一点至关重要。）
- 我们有没有相应的解决方案？我们公司有产品吗？之前做过吗？能交付吗？根据以往的经验，项目做下来整体的成本大约是多少？
- 我能提供什么价值？什么价值是只有我能提供的？
- 有没有找到合适的人？面前的这个人能谈什么不能谈什么？如果这个人不是合适的人，能请他帮忙引荐合适的人吗？客户公司的决策链是什么样的？现阶段先找谁？

- 项目大约什么时间能招投标？整体的推进计划是什么？有哪些要控制好的关键节点？
- 下一步我要做什么？

销售流程管理规范的企业会要求市场人员在 CRM 系统中对有质量的线索填写相关信息，以确认这是一个有质量的商机。

3. 需求挖掘

确认传递过来的线索是一个可靠的、值得跟踪的商机后，接下来的工作就是确认客户的需求。客户需求是我们工作的"靶子"。没有这个靶子，我们接下来的工作就"无的放矢"。

需要注意的是，客户的需求大致可以分为两类，一类是项目需求，另一类是个人需求。最理想的情况下，这两类需求是重合的，项目需求满足了，客户的个人需求也达到了。但有时候这二者又是分开的，甚至有的时候项目需求满足了，客户的个人需求反而受到了损害。出现这种情况的原因是：我们面对的客户不是一个人，而是不同的人。我们有必要区分清楚这两类需求，并考虑分别予以不同程度的满足。通常来说，售前负责识别项目需求，销售负责识别客户的个人需求，双方应交换必要的信息。

这里我们重点讨论项目需求，项目需求挖掘的关键字是"引导"。

理想的情况是：客户非常清楚自己想要什么，甚至非常清楚实现的技术路径，通过一次详细的访谈就能够完整地掌握客户的需求，制定出有针对性的解决方案。

但实际情况往往是：客户有比较强烈的目标愿望，但说不清楚细节。客户的目标愿望可能来自于领导的指示，或者是为了解决某一类问题，或者是同行业里的对标，但这些目标愿望往往只能表明客户的心中有一张大厦的草图，具体细节客户自己并没有想得很清楚。这个时候如果你一味地追问，只会得到一些不成熟的结论，对项目推进没有帮助。

有经验的售前此时会准备几次用户访谈，通过设计场景，结合一些需求挖掘中的提问技巧等，慢慢地把客户的需求引导出来，并且往自己公司擅长的解决方案方向引导。

打个比方，引导客户需求的过程就是和客户一起，穿越一座迷宫，最终到达出口。

4. 方案布局

在和客户接触的过程中，我们会逐步了解到客户的需求，同时摸清楚客户最看重方案的哪个部分，以及我们有哪些竞争对手，从而开始我们的方案布局。方案布局不是一个独立的阶段，而是贯穿整个售前的过程。

方案布局的整体工作思路可以概括为以下几步。

- 你"病"了，或者整个行业都"病"了。分析项目的背景和痛点，并且在认知上和客户达成一致。
- 分析客户的"病因"。分析问题产生的原因，也就是准确地把握住客户的需求。
- 我正好有"药"。我有一整套解决方案，正好可以满足客户的需求和痛点。
- 我的"药"配方很先进。向客户清晰地阐释我的优势是什么。
- 我可以提供全天候服务和完善的"疗程"。我的实施方案、服务方案是什么。
- "病人"将获得的好处。通过这个项目，客户获得的价值是什么。
- 同样的"患者"已经被我"治好了"。摆事实，讲案例，证明我的药童叟无欺，确实有效。

在方案布局中，重点关注以下几个方面。

- 关键决策点：客户方的决策链条中，关键的一两个决策点在什么地方。这一两个关键决策者，最关注哪方面的内容。
- 竞争对手分析：我们的竞争对手是谁，他们的优劣势是什么，我们的优劣势是什么，之前和他们竞争的得失有哪些，应该采取哪种竞争策略。
- 差异化竞争：分析竞争对手是为了形成差异化的竞争态势，在报价、方案等方面形成我们的单点突破优势。
- 高层汇报：在关键的时刻要抓住机会，向能一锤定音的高层汇报工作，获得支持。

在方案布局的过程中，我们面临的主要客户对象是技术决策者。在与技术决策者的交流汇报中，要围绕"建立起客户对我们的信心"来工作，让客户保持对我们的兴趣，为后面的高层拜访、取得参与招投标的资格打好基础。

那么，如何取得技术决策者的信任呢？技术决策者往往都是技术出身，同时有多年的行业经验，与很多供应商打过交道，见多识广。与技术决策者沟通时最好不要使用高大上的名词，而是要从技术原理、合理性的角度去阐述自身的产品和解决方案。

如果真的对自家的产品有信心，最好能做好准备工作，安排一次穿透式的技术交流，邀请对方的技术决策者和技术专家参与。这对售前的技术储备提出了较高的要求，如果自身的技术储备暂时达不到要求，可以请公司研发部门的技术专家来救场。

用旁证让客户更有信心。这个时候案例就非常重要了。最好找一两个和客户相同行业的案例，仔仔细细把项目实施过程给客户捋一遍，甚至可以讲一下过程中遇到的困难，以及我们是怎么解决的，通过这种暴露来赢得信任。我们也可以要求客户去参观公司的样板项目，这会极大地提升客户的信心。

如果前面几步做得不错，这个时候技术决策者可能对我们已经比较信任了，但他们难免还会有一些疑虑，可能会提出来 PoC 的要求，以增强自己的信心。我们接到 PoC 的要求后，要综合评估 PoC 的风险和资源投入，再决定是否要做，如果做，怎么做才能引向对我们有利的局面。

总结一下，方案布局是我们在售前工作中花费最多时间和精力的一个阶段。一个优秀的售前要做的事情就是：在客户合适的 IT 建设阶段，为技术决策者建立领先竞争对手的差异化解决方案。这个阶段做好了，大部分的技术决策者都能被说服，我们入围招投标的概率就大大增加了。

5. PoC

PoC 中，售前可以有以下两种选择：

第一种是自己负责 PoC。如果对产品非常熟悉，动手能力强，售前完全可以自己负责完成 PoC，后端的技术人员提供远程支持。

第二种是协助后端的产品、技术人员完成 PoC。售前更多的时候是一个协调员的角色，一方面协调客户方的人员、软硬件、网络环境等资源，另一方面协调公司内部的技术资源完成 PoC 的过程。

说实话，厂商都不愿意做 PoC，一方面需要投入大量的资源，另一方面结果难以预测。所以，如果可以的话，尽量避免 PoC。但如果在项目中我方的产品确实有明显的优势，也可以主动联系客户做一次 PoC 验证。如果客户确定要做 PoC，一定要协调好公司前后端的资源，确保 PoC 的效果。

6. 招投标

经过一番艰苦的努力，向客户进行多次汇报后，我方的实力获得了客户的认可。终于有一天，客户对我们说："欢迎你们来参与这个项目的招投标。"此时，离项目拿单只剩下最后也最重要的一道关口了。

招投标的形式有多种，如公开招标、邀请招标、比选、竞争性谈判、BOT 项目招标等。无论哪一种，在 IT 行业中一般都需要在售前阶段把工作做扎实，才有可能进入招投标环节。

招投标决定着项目的成败，对厂商来说实在太过重要。关于招投标的细节内容见第 8 章。

3.2 全程把控节奏

在做售前的过程中，除了清楚地认识到当前处于哪个阶段外，对节奏的把控也非常重要。节奏把控其实就是一句话：在正确的时间和地点，做正确的事。

笔者在这里分享自己犯过的一次错误：在某次售前过程中，笔者和销售第一次去拜访一家物流公司，在场的有我们的商务关系，也是此次我们拜访的引荐人，即我方的渠道。客户方有两位业务部门的负责人和负责项目建设的信息化部门负责人。第一次拜访，我就在公开场合问了客户一个问题："贵司今年IT建设规划的重点是什么？"

可想而知，在这种场合下，对方肯定不会正面回答。这个错误主要体现在两个方面：一是场合，公开场合下，这种IT规划可能涉及客户的商业机密，客户不方便回答，或者不知道该不该回答；二是时间节点，初次见面，彼此还没熟悉就问出这个问题，客户会觉得很唐突。

对节奏的把控，除了在正确的时间和地点说正确的话、做正确的事外，还有一个重要的体现就是在正确的时间找到正确的人。通常来说，客户方有执行层和决策层两类角色。执行层和决策层关注的重点有所差异。售前和销售一定不要总是在执行层打转转，要敢于在关键的节点向客户方的决策层汇报方案和工作的进展，取得决策层的好感和支持。

把控节奏需要我们三思而后行，也需要经验的积累，可能我们在犯下一些严重的错误后才能领悟到控制节奏的精髓。

3.3 本章小结

本章拆分了项目的几个阶段，并讲述了在项目运作过程中把控节奏的重要性。作为售前，我们要时刻清楚项目当前处于哪个阶段。我们给客户输出的文档、和客户做的技术交流一定要匹配项目当前所处的阶段。

当然，这几个阶段并不是泾渭分明的，很多时候这几个阶段交叉进行，在项目运作过程中需要我们识别和灵活应变。

第 4 章
赛道的选择

　　IT 行业的售前面对的客户无非是企业和政府这两类，有时候我们也会遇到医院、学校、设计院、行业协会等，但在某种程度上可以把它们看成一类特殊的企业或者政府单位。

　　与面向普通消费者相比，面向企业客户和政府客户在业务上有很大的差异。其中最大的差异是普通消费者可以自己做决定，而企业客户和政府客户在采购的时候都有一套涉及不同部门、多个岗位、比较规范的决策流程。同时，政府和企业这两类客户对于信息化建设的关注重点也不一样。政府具有公共服务的职能，更加关注项目的社会效益。而企业以盈利为目的，更加关注项目是否能为企业创造实实在在的经济效益。

　　我们要和政府、企业客户打交道、做生意，把我们的产品和解决方案卖给客户，首先就需要清晰、深刻地认识他们，了解他们具有哪些特点，这样一切行为才有可参考性，否则就犹如盲人摸象，在市场上不可能成功。

4.1 企业客户

企业客户通常具有以下特点。

(1) 业务发展驱动信息化建设需求

企业的信息化建设需求往往来自于自身业务发展的需要。换言之，企业的需求是业务驱动型。总体来看，企业的需求可以分成两类，一类是增效，另一类是节约成本。

(2) 企业每花一笔钱，都需要正当的理由

想要赚企业的钱，必须先知道企业究竟是怎么花钱的。

企业每一年都会有一笔预算，这笔预算通常是上一年的年底由企业的高层批准下来的，为了保证经营的稳健性，一般不会做大的调整。如果你的产品真的很好，企业今年决定要上，但是这个项目没有在预算之内，那么就要增加预算，这就需要"特批"。特批是非常困难的，需要足够充分的理由去申请资金，或者挪用其他项目的预算来满足这个需求。而对去申请特批的人，风险也很大。所以，做企业业务的第一步是摸清楚客户的预算。你要知道企业今年会在什么地方花钱，才能够找到合适的突破口。

因此，有经验的销售和售前都知道，今年签单的项目，往往都是客户在去年就已经确定要做了。如果我们需要配合客户完成项目预算申报，一定要抓住正确的时间节点，这个时间节点通常是在一年中的最后一个季度。一旦错过，就很难弥补。

(3) 决策流程长

我们去超市买生活日用品，几乎在几秒之内就决定了，决策者通常只有自己。因为成本小，即使决策失误，损失也非常小。但是企业客户的决策流程就不一样了。企业客户的决策过程为几个月是常见的现象，半年甚至一两年也不鲜见。

举个例子，某集团公司要上一套 ERP，通常都是数百万元甚至数千万元的交易，这套系统要支撑企业的生产经营活动的在线化、自动化、流程化及可视化，可能几年后还会在老版本的基础上进行升级，其重要性不言而喻。这个时候企业就会启动一系列的流程，流程中的角色包含高层、中层、基层，横跨业务、技术、采购、财务等多个部门。对于供应商来说，在这个冗长的过程中，不能犯下大的错误，否则就前功尽弃了。所以，做企业的生意，在确保客户有充足预算的基础上，还要摸清楚客户的整个决策链条，然后做好心理准备，打一场持久战、消耗战。

（4）你是否在企业的供应商名单里

有些企业为了防止腐败，在采购的时候会有一个供应商名单，这个名单就好像是白名单一样。企业想要采购某个项目或服务时，只能和名单里的公司合作。

企业会对名单里的公司进行审查：是否合法经营？能力如何？报价条件？服务过谁？……在一系列严苛的调研之后，才允许进入其供应商名单。

供应商名单并不是固定不变的，如果名单上的供应商出现行贿、以次充好、项目烂尾等问题，或者供应商自身出现了重大变故，很有可能会在下一次调整的时候，被从供应商名单中剔除出去。

所以，我们如果想要和一些企业合作，最好先弄清楚合作的门槛是什么、怎样才能进入供应商名单，这样才能更好地合作。

（5）你面对的不是一个孤零零的人，而是一个复杂的系统

做企业的生意，我们必须要具备系统思维。一个系统是由多个互相影响的部分组成的，每次和我们谈生意的，都是这个系统中的一部分，也就是某一个部门，但是这个部门是无法代表整个公司的，它同时也受其他部门的影响。我们的头脑里必须有一整个系统，并且清楚地知道这个系统运行的模式，才能找到推动项目进展的真正"推动力"和"制动力"，也就是关键解法。

在这个过程中，你需要一张"作战地图"。在这张作战地图上，你需要画清楚企业的组织架构：每一步决策涉及哪些关键人，他们的特点是什么？他们的诉求是什么？他们之间的关系是什么？谁是提需求的？谁是负责采购的？谁是付款的？谁是执行的？谁是真正的最终用户？他们之间是信赖还是同盟？是竞争还是斗争？他们对我是支持还是反对？是犹豫还是中立？

举个例子，确认需求这一步的关键解法应该是业务部门。业务部门认可了供应商对需求的理解，这一步才算圆满。

而产品演示、功能确认这一步的关键解法应该是信息化建设部门。

在整个项目运作流程中，我们必须时刻关注真正能拍板的人，以及他的态度与观念的转变。

（6）与能做决定的人积极沟通

针对某个特定的项目，企业里能做决定的人往往不多，只有一两个。我们既要在外围敲敲打打，到了关键时刻，又需要找到能直接拍板的人，完成这"临门一脚"。

企业客户真正能拍板的人，在前期可能很少介入，但是在关键的节点上，他一个人的意见能推翻前面所有的工作。所以有时候你可能会发现，明明已经谈好的事情，客户却突然反悔了。这个时候你要知道，有很大的可能是在最后的阶段，真正能拍板的人介入了。所以，在整个的决策链中，你一定要知道谁是说话最管用的人，谁是真正能拍板决策的人，用最多的精力直接去和他谈。

这种自上而下的突破会更加高效、简单。

（7）理解客户方的财务、法务

我们前面做了很多的工作，到了合同审批阶段，却可能因为客户方的财务、法务的一句话，合同走不下去了。他们总会挑各种各样的毛病，要么客户方的财务提出我方很难接受的付款方式，要么客户的法务认为合同中的某一条绝不能写进条款里……我们承担不起"万分之一"的后果。这个时候，你是沮丧、抱怨，还是愤怒？

你可以抱怨，可以愤怒，但还是要理解这些职能部门，反过头来说，你所在的公司，同样有这些部门，他们的作用就是守住公司的底线，维护公司的安全。

这个时候，你首先需要的就是冷静下来，找到自己公司后端的财务、法务部门，双方坐下来，一条一条地沟通。根据笔者的经验，只要双方都本着合作与解决问题的想法，而不是把事情搞砸的想法，总会找到解决办法。

（8）没有写进合同里的，都不算数

市场的变化实在是太快了。之前从事 A 行业的客户，突然要进军 B 行业，还要在明年做到市场占有率前三的位置；一家外表光鲜的企业，突然就爆出资金链断裂的新闻。除了这些大的变化，企业内部可能还会有一些小的变化，比如原先负责你这个项目的客户方部门领导突然离职了，或者被换到了另外一个部门，而新来的领导有一套全新的思路，完全不认可上一任领导的承诺。而这一切的变化都可能会传导到企业的供应商那里，甚至给供应商带来毁灭性的打击。

所以我们要切记，在和企业合作的过程中，企业发展重心的切换、人事的变动及领导意志的转移都是合作中难以预料的风险。任何人口头答应的事情，可能都是不算数的，只有白纸黑字写在合同里的事情，才能算数。

（9）应收款周期长

为什么应收款如此重要？我们知道，在企业常见的三份财务报告中，资产负债表是"骨骼"，利润表是"肌肉"，现金流量表是"血液"。如果公司的产品卖出去了，钱没有收回来，公司就有可能会"失血过多"，陷入非常危险的境地。

这或许是公司高管和销售该关注的事情，而不是售前重点关注的内容，但是售前有必要了解这一点。因为公司的现金流直接和我们的收入尤其是奖金挂

钩。笔者知道的很多IT公司都是在项目回款后才计算奖金的。

应收款通常分为政策性应收款、结构性应收款、金融性应收款和故意拖欠的应收款几种。

应收款周期长的原因很多，如客户对项目交付效果不满意，一些大型客户内部的审批流程长，故意拖欠，客户将应收款用作投资，企业破产导致无法支付，等等。

每年第四季度的催应收款是各企业的保留项目，为了不让资金流出现断流，各企业也越来越重视应收款。解决应收款也非常考验企业在催收这方面的能力。还是那句话，我们身处人情社会之中，要解决应收款的问题，客情关系非常重要，同时，频繁地拜访客户、"哭穷"、"软磨硬泡"、协商分期等也是常见的手段，到了迫不得已的时候，供应商也会选择走法律途径。笔者几年前工作的一家公司有一笔4000多万元的项目款，两年多了还没有收到，在协商无果的情况下，就和客户打起了官司，最后顺利收回大部分的应收款。

企业的生意有很多的参与者和决策者，每个人都有自己的立场和利益。我们面对的不是一个单独的人，而是一个复杂的系统。所以，做企业的业务，我们必须面对复杂的流程、规范、制度，同时也要关注大环境，理解市场存在着一些现实的困境。

认清了这些特点，"戴着镣铐起舞"，制定蓝图，灵活应变，游刃有余地影响决策者，积极促成合作，才能彰显我们行走江湖的本事。

4.2 政府客户

与面向企业相比，面向政府部门的IT信息化建设业务其实有很多类似的地方，比如我们面对的同样是一个复杂的系统，其决策链较长，项目同样要经历招投标的过程，等等。但是政府部门和企业相比，也有一些不同的地方，下面对政府客户的特点做一下解读。

(1) 项目需求来源于国家政策

政府部门的项目建设需求往往是来自于国家相关的政策。换言之，政府的需求是政策驱动型。比如，从 2018 年开始，国家大力推广"互联网＋监管"的建设，并下发了相关文件，各省市区闻风而动，根据当地的特色也纷纷下发了地方的"互联网＋监管"的相关文件，有了政策的指导后，各地开始着手建设。

而前面我们说过，企业的信息化建设需求是业务驱动型，要么能帮客户增加收入，要么能帮客户节约成本。这是它们之间非常不一样的地方。

一些央企和国有大型企业则兼具政策驱动和企业本身的业务驱动两种模式。2020 年，国务院国资委正式印发《关于加快推进国有企业数字化转型工作的通知》（以下简称《通知》），《通知》明确了国有企业数字化转型的基础、方向、重点和举措，开启了国有企业数字化转型的新篇章。该《通知》既在政策层面大大推动了国有企业的数字化转型，又在业务层面对国有企业有非常大的促进作用。在这个文件的指导下，国有企业这两年开始涌现出很多数字化转型的建设需求。

(2) 与企业相比，项目经费的来源不同

企业进行 IT 建设的资金来自于自身的营业收入。而政府部门则不同，它有两种来源：一种是政府自有资金，这种方式多用于中小型的信息化建设；另一种是社会资金参与建设，通过项目后期的运营获得收益，这种方式一般都是大项目甚至超大项目，投资巨大，见效慢，回报周期长，如智慧城市、城市大脑等动辄几个亿的项目。近几年，建设厂商带着投资方去和政府谈项目的情况越来越多，这种带资进场的厂商，往往能在竞争中占据有利位置。资金方、建设方往往会和政府指定的国资平台成立合资公司，联合建设和运营超大型项目。

(3) 与企业相比，项目经费使用的监管方式不同

企业的项目经费使用通常由企业内部的规章制度约定，如由财务部门建立台账、由工程管理部门进行监管等。

而政府投资项目的建设经费则不同，通常先由内部立项，然后经过发改委

审批，发改委同意立项后，再由财政局委托经信委等对建设方案进行审核，审批通过后，明确预算，然后下发资金，客户才能组织招投标。

特别要提到的是财政投资评审，简称"财评"。财评是财政预算管理的重要组成部分，它是由财政部门内部专司财政评审的机构依据国家法律、法规和部门规章的规定，运用专业的技术手段，从工程经济和财政管理的角度出发，对财政支出项目全过程进行技术性审核与评价的财政管理活动。关于财评，各省市区都有相关的文件，这些文件是招标控价及控制投资的依据，同样也是最终结算审计的依据之一。财评很大程度上杜绝了面子工程、政绩工程、年底突击花钱等不合理的资金使用现象。

另外，在项目验收后，一些重点项目会被审计，以杜绝舞弊和浪费。政府投资项目审计的主要对象是政府投资和以政府投资为主的建设项目以及其他关系到国家利益和公共利益的重大公共工程项目，具体包括政府投资和以政府投资为主的建设项目、全部和主要使用政府部门管理或受政府委托管理的公共资金的项目、政府与社会资本合作的项目、国有和国有资本占控股地位或主导地位的企业（含金融机构）投资的项目、其他关系到国家利益和公共利益的重大公共工程项目。

政府投资项目审计的主要内容有政策目标和政策措施贯彻落实情况、投资决策、工程项目建设程序、工程项目建设财务、招投标、工程质量管理、材料设备管理、建设用地和征地拆迁、生态环境保护、工程结算、公共工程绩效等。

供应商在承接政府部门的项目时，一定要考虑到项目资金的来源方式、审批流程、审计风险等。一定要合法合规地操作，否则可能后患无穷。

（4）与企业相比，政府的决策链相对更短

相比于企业，政府的决策链相对更短，核心决策群体也较小。

（5）与企业相比，项目运作的周期更长

企业的项目，从立项到招投标，通常几个月就能完成，当然也有一年多的，主要看项目大小。但政府的大项目可能要两三年才到招投标阶段。笔者见过时间最长的一个项目，从立项到招投标共花了 3 年半的时间。这是因为政府的项目建设要考虑到财政预算和社会效益。

（6）经济效益让位于社会效益

企业的项目往往更看重经济效益，一是能为我赚多少钱，二是能为我省多少钱，也就是"开源节流"。

政府的项目则不同，很多时候经济效益要让位于社会效益。比如政府这些年做数字化转型，各地都在建设数字政府，其中有很多面向老百姓的公益性应用，这样老百姓办事最多需要跑一次，办事材料提交后能得到快速审批，目的是方便老百姓的生活和工作，这种项目短期内无法体现出经济效益。还有很多场景是服务当地产业的，如为了鼓励外地企业在当地投资，政府提供快速审批，通过"互联网＋监管"减少对企业的干扰，网上办理退税等。这样的应用必须由政府来主导建设。所以，政府的信息化项目不能仅仅算经济效益这本账，必须更多地考虑社会效益。

（7）项目不仅要体现本身的价值，还需要尊重领导的想法

政府的项目除了要体现本身的价值外，还需要尊重领导的想法。很多时候领导的确比我们看得更加长远。有时候，项目的阻力较多，领导必须排除一切干扰因素，用领导意志促成一些项目上马。这些项目可能具备一定的超前性，往往要过若干年后，才逐渐体现出其重大的意义。

（8）项目的应收款周期长

政府的项目同样面临应收款的周期较长的问题。但和企业项目的原因有所不同，政府项目尤其是一些投资巨大的项目，是建设完成后，通过运营方每年支付运营费用来分批付给建设方的。

我国政府在数字政府的建设上领先很多国家。很多 IT 厂商都积极地投入政府部门信息化、数字化建设的大潮中。我们要理解政府客户的特点，才能和客

户在同一个频道上对话，更好地服务好客户。

4.3 本章小结

笔者有幸同时有服务企业客户和政府客户的经历，在笔者看来，服务这两类客户还是有很多不一样的地方。笔者第一次从 to B 公司转换赛道到 to G 公司的时候，花了差不多半年时间才逐渐适应。

除了理解行业的不同之外，我们自身也要快速成长，选对成长的环境，尽量选自己感兴趣的行业，选择更加重视解决方案的公司，而不要选择只有单一产品的公司。

第 5 章
如何挖掘客户的需求

简单地说，我们做市场工作的目的就是通过解决客户的需求，顺便把公司的产品和服务卖给客户。因此，我们的一切工作都应该围绕客户的需求进行。需求是我们工作的靶心。

要解决客户的需求，首先要理解客户的需求。客户的需求可以分成四类。

1）客户的需求是明确的，一眼可见。

2）客户的需求是一团乱麻，虽然存在，但"事出多门"，需要我们去梳理清楚。

3）客户的需求是一团迷雾，连客户自己都没有想清楚需求究竟是什么，需要我们拨开迷雾，去挖掘，去和客户确认。

4）客户的需求是故意隐藏着的，客户不方便跟你说，需要你去体会，并最终满足。

有一种说法是：我们永远无法满足客户的需求，因为需求是动态的，是不断变化的。然而 IT 行业往往采用项目制的运作方式，项目的典型特点是临时性的、有头有尾的。所以，挖掘客户需求的同时需要控制客户需求的边界，这直接决定了项目的成败。

挖掘客户的需求，控制客户的需求，是一门需要长期修炼的学问，是需求分析师、项目经理必不可少的项目管理技能，不但售前需要学习，销售同样需要学习。

需要注意的是，在本章和全书中，多次出现"客户"和"用户"这两个词。严格意义上，这两个词代表不同的含义。

客户是在商业上与我们达成交易的一类群体的统称。比如，当我们说"某集团是我们公司的客户"时，"客户"这个词指代"某集团"这个整体。而用户是客户这个群体当中真正使用产品的人。又如，我们销售了一套 ERP 软件给某集团，该集团真正使用这套 ERP 软件的是各个业务部门和技术部门的人员，他们就是我们的用户。

当我们做需求挖掘的时候，面向的对象既有企业的高层管理人员，也有一个个的具体用户。

5.1 决策链管理

售前工作中，表面上我们面对的是抽象的客户，这个客户可能是一家公司、一个地方政府、一所高校、一所研究院等，但本质上我们面对的还是一个个具体的人。

倘若在项目里甲方只有一个人，那么售前工作就简单多了。可惜这种情况几乎不存在。一个信息化项目的发起者、建设者、使用者、决策者往往来自不同的部门，而每个部门又有不同的角色，如领导、技术核心、业务核心、职能人员、产品的用户等，每个角色的利益各不相同，对项目的影响力存在差异。

销售和售前在正式运作项目之前都需要清楚一件非常重要的事：项目在各个环节的不同角色之间是如何流转的，整个决策的链条是怎样的。这就叫作梳理决策链。

在这个过程中,用到的知识其实是项目管理体系中的"干系人管理"。这就是在第 2 章中说到的售前必须具备一定的项目管理知识的原因之一。

可以把决策链管理分为三个阶段。

第一个阶段:干系人识别。在这个阶段,要尽可能多地识别出项目的各个环节,尤其是售前阶段决策过程中可能出现的干系人,然后一一列出。

第二个阶段:干系人分析。分析每个干系人对项目的影响力程度,对项目是支持、反对还是中立,立场和利益背后的原因——为什么支持或反对该项目,这个过程中必须要挖掘支持或反对的根本原因,这对项目的成败非常关键。

第三个阶段:决策链管理。最理想的情况当然是我们的产品和方案得到客户上上下下的一致认可,但这种理想情况很难遇到。这意味着在推进过程中,我们总会遇到有些人支持我们,也有些人排斥我们,也许他们支持别的厂商,也许他们根本就不在意这个项目,也许他们有某种我们尚未识别和满足的需求。但好在我们不必获得所有干系人的支持,而应该针对每个干系人的特点,通过相应的对策转变几个关键角色的期望,让原本反对的变成支持或中立的,或者通过改变原本反对的人在项目里的角色,让项目顺利通过决策链。

决策链管理提供了一种"角色-项目阶段"的独特视角,它更强调的是"人本身"这一主观要素。客情关系不是销售一个人的事情,而是销售和售前一起"运营"出来的。好的客情关系其实是这种运营的结果,而不是原因。

通常来说,一个 IT 项目的决策链上共有四类重要角色,每类角色的关注点既有重合的部分,又各有侧重。这四类角色从上到下分别是:

- 商务决策者(通常是公司的分管副总经理或总经理)。
- 技术决策者(如公司的 CIO、CTO)。
- 商务负责人(如采购部经理)。
- 产品使用者(用户)。

这四类角色的层次如图 5-1 所示。

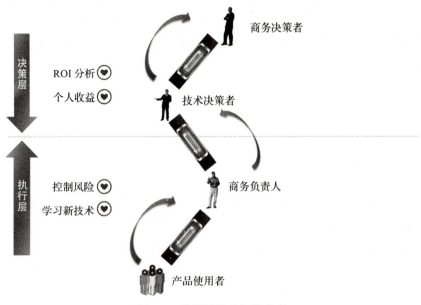

图 5-1　决策链上的四类角色

我们做需求挖掘工作就是要重点关注这四类角色，关注他们对项目需求的理解，从他们身上提炼项目的需求。下面分别对决策链上的这四类角色做一个说明。

1. 商务决策者

商务决策者通常是最终决策者，也可以称为拍板人，一般销售的高层关系主攻对象就是拍板人。拍板人通常是企业的副总，甚至是总经理本人。他们的特点通常是：精于业务，粗懂技术，有能力拍板；有担当，敢于做事，敢拍板；有思想，愿意接受新生事物，对收益与风险的关系有比较清醒的认知。

拍板人有权力决定整个项目的成败，但是拍板人通常不会一个人独断，而是会综合参考技术决策者、用户、商务负责人的意见。比如拍板人会问产品使用者对产品的使用体验，问技术决策者的态度，问商务负责人市场上同类产品的价格等。拍板人关心的是项目给企业带来的整体利益。

有时候最终决策者并没有初设立场，而是在参考了其他角色的意见后，顺势而为完成拍板这个动作。因此，客户关系不能仅仅围绕拍板者这一个角色，在使用者、技术决策者这些客户身上也要下工夫，为拍板者做最终决策铺平道路。

2. 技术决策者

技术决策者一般是使用者的领导或者客户内部的技术权威，如信息化部门的负责人、架构师等。

技术决策者负责选择最佳的技术方案，通过方案满足业务实际问题的需要。技术决策者关心技术与项目的创新性，通过这个项目能不能起到锦上添花的效果。另外，技术决策者还关心这个项目能不能提升他在行业中的地位，比如通过这个项目能不能发表一些论文或专利，又或者项目能够起到标杆作用，让同行业的其他单位来参观学习。

技术决策者的客户关系应该由销售和售前共同来维护，销售负责建立良好的客户印象。售前负责持续的技术传递工作，技术传递工作不能仅局限于公司产品介绍，还应该包含公司最新技术动态、行业理解、标杆案例等。

技术传递最成功的目标是让我们制定的技术路线成为技术决策者的技术思路，达到这个目标，用户就会对我们有"忠诚度"。技术传递的工作不可能一蹴而就，需要持之以恒地与用户保持亲密接触，也需要公司层面不断地打造公司的品牌与影响力，慢慢影响用户的决策。

3. 商务负责人

商务包括商务条款和商务执行，一般由甲方的采购部门负责。

商务负责人希望用最少的钱办最多的事，因此最关心项目能否带来附加价值。比如售后服务年限能否从 2 年增加到 3 年，或者赠送一些服务，项目除了花钱之外能否带来一些赚钱的业务等。

商务部门非常关注流程的规范性，我们在和商务部门打交道的时候一定要注意这一点。

4. 产品使用者

产品使用者一般是用户部门的业务人员或工程师，他们是最终使用产品的人，一般我们做产品试用具体对接的就是使用者。

使用者在项目中可能不具有决定权，但是如果使用者的产品体验不好，那么决策层出于风险控制的考虑，也会参考和重视使用者的意见。所以，关注使用者并满足他们的需求非常重要。

对于使用者，项目组需要做的是教会他们使用我们的产品，通过培训让使用者快速地掌握产品的使用，并且在这个过程中，可以征得使用者上级的同意和支持，结合考核、激励等措施，让产品尽快成为使用者工作中的第一选择。

使用者最担心新的工具会增加他们的工作量，如必要的学习过程、工作中的流程环节等。因此我们要多强调产品易用、易维护，能减轻他们的日常工作量，提升他们的工作效率。

使用者非常清楚甲方的现状与问题，与使用者搞好关系，容易发现新的商机。作为一名售前，要多和使用者接触，用学习的态度与对方相处。

5.2 关键人在想什么

销售有销售的关键人，通常是最终决策者。但售前也需要找到自己面对的关键人。那么，售前面对的关键人是谁？售前面对的关键人需要具备这几个条件：

- 首先是主要技术决策人。

- 有担当，敢于做事。
- 有思想，愿意接受新生事物。

综上所述，售前需要找到的关键人通常是项目的技术决策者，如 CIO、CTO、首席架构师或者客户公司指定的项目负责人。

做技术决策者的工作，理念征服最重要。在销售界一直有个说法："一流销售谈理念，二流销售讲故事，三流销售卖产品。"说的虽然是销售，但售前也是技术型销售，所以这个说法对售前也适用。

三流的售前卖产品往往只会夸夸其谈，最多罗列产品的优点，很难让人产生共鸣。

二流的售前会和客户讲故事，通过故事和客户产生共鸣。人人都喜欢听故事，因为故事有高潮、有转折，能满足人们猎奇的需求，能给人带来快乐和满足。所以优秀的售前一定会去讲故事，让客户获得产品层面价值的同时在情感上也得到满足。讲故事是一个优秀售前的基本能力。

但现在的客户早已见多识广，在一个项目招标时，他们通常会找很多家供应商先后来交流和了解，每一家都会讲不同的故事。故事听多了，也就"免疫"了，有些客户甚至比我们更能讲故事。所以厉害的售前不应满足于讲故事，而要从理念层面与客户产生共鸣。

为什么理念的力量如此之大？因为一旦从理念层面让一个人产生认可，双方就可以产生共鸣，接下来的事情就水到渠成了。只要是人，他就必然有自己所相信的理念，而每一种理念的形成都是基因加上环境的影响，以及教育、人际关系、职业经历等长期综合作用的结果。因此，一旦我们找到和客户共同的理念，并且发挥、放大，就会产生意想不到的效果。

但需要注意的是，我们传递出来的理念必须言之有据、言之有理，且是我们自己相信的，只有这样，才能让客户产生信任感。所以，好的销售和售前，同时也是一个修养、气质很好的人，他由内而外散发热情、自信、真诚的光辉，他的言行能保持一致，让客户放心和倾心。

我们用理念影响关键的技术决策者只是一个方面，更重要的是要让技术决策者来"影响"我们。也就是说，我们要用谦逊的态度与技术决策者反复沟通，认真聆听他对项目的想法，将他的想法提炼成有高度、可实现的需求，并和对方确认。在这个过程中，要让技术决策者认为我们已经完全领会了他的想法，并且体现在项目需求中了。要让技术决策者感受到是他在主导这个项目，而不是我们在牵着他的鼻子走。

5.3 学会分辨 4 种不同的需求

在挖掘客户的需求之前，首先要确认主要的需求是业务部门在驱动，还是技术部门在驱动。这两类驱动要满足的条件是有较大差异的，挖掘需求的方法也各不相同。对于业务部门驱动的需求，尤其需要控制好边界，因为业务部门通常不会站在技术实现的角度考虑问题。但无论是业务驱动还是技术驱动，都可以把用户的需求分成四类：痛点、爽点、痒点和盲点。

痛点对应基础功能，没有的时候用户不可忍受，迫切要解决。比如客户害怕自己的公司在市场竞争中落后于对手，害怕发生质量事故、生产事故，害怕数据质量太差以至于无法支撑商业决策和业务管理，等等，这些需求迫切需要被满足。痛点代表客户的恐惧。

爽点对应亮点功能，没有也能过，但有了以后会给客户带来惊喜。举个政府部门的例子，如果能有一个产品专门解决政府基层单位的多头报送、重复报送的问题，基层公务员只需要填写少量的数据就能够提交给多个对口部门，那么会给用户带来很大的获得感。爽点代表客户的满足感。

痒点对应期望功能，虽然可有可无，但在条件允许的情况下最好能有。如果你的产品、系统上线后，能让相关干系人的权力得到增强，或者能帮助他扩大在组织内外的影响力，获得某些荣誉等，那你就是满足了客户的痒点。痒点代表客户对完美的想象，也就是理想中的情况应该是什么样的。

盲点就是客户不知道自己需要这个东西，你一说他才恍然大悟。盲点代表客户的认知边界。

在需求中,有核心需求与非核心需求之分。那么痛点、爽点、痒点、盲点这几类需求中,哪些是核心需求,哪些是非核心需求呢?其实并没有严格的区分。但通常来说,解决痛点成为核心需求的可能性比较大。我们的解决方案一定要致力于满足客户的核心需求,在这个基础之上再考虑满足非核心需求。

5.4 调研

关键决策者能够帮助我们画出需求蓝图,但是客户的现状和蓝图里描绘的很多需求细节,需要下沉到具体的业务部门和技术部门调研才能接触到。在调研之前,我们需要确定调研对象、调研计划、调研内容,这些可以统称为调研提纲。一份调研提纲通常包含硬件环境、网络环境、客户组织架构、业务场景、业务流程、应用包、数据现状(数据存量、增量、质量、架构、工具、应用场景、安全管控措施等)、系统现状、用户列表等内容。

调研的原则有以下几条:

第一,由粗到细,从宏观到微观。先从宏观上了解客户业务的全貌,再逐步深入某些重要的细节。因为对于客户的业务而言,即便我们再懂,毕竟也是外行,如果从业务细节着手容易迷失方向,失去对核心业务的把握。

第二,需要从不同层次的客户那里收集不同层次的需求。从企业的高层决策者、各层级管理者、业务人员、信息化部门等不同层次的客户处收集和了解不同层次的需求,最后再对收集到的需求做一个汇总和还原。

第三,兼顾业务和技术。既要了解业务部门的需求,又要考虑技术部门的诉求。这两者有时候是重合的,但偶尔也会有偏差。比方说业务部门提出的需求,实现起来远远超过了技术部门的IT预算等。如果我们能承担客户业务部门和技术部门隐形桥梁的作用,把这两部分的需求无缝地融合在一起,会大大增加客户对我们的信任。

5.5 需求挖掘

用户的需求往往是模糊的、散乱的、未经组织整理的,甚至是隐藏的。因此,我们需要使用正确的方法去挖掘用户的真实需求。

5.5.1 用户访谈

用户访谈是挖掘需求最直接的方法。在进行用户访谈之前,需要注意以下事项。

1)明确访谈要达到的目标。访谈可以分为两种:一是针对特定的问题进行访谈;二是发散性访谈,在谈话中和用户一起探讨,说出重要的优点或缺点,发现问题。无论怎样,在这之前,你要把访谈的内容和你的问题列在一张纸上,并且保证有足够的条理性和逻辑性,这样才能够达到访谈的目标。另外,你也应该做好用户可能谈到这条逻辑主线之外开放性问题的准备,将具有启发意义的话题及时记录下来并在必要的时候将用户带回问题主线。

2)尽量面对面地进行访谈。一次有效的访谈不止是从谈话中获取信息那么简单。正所谓察言观色,评估一个问题还应该考虑谈话者的姿态如何,而且面对面访谈能够使谈话者精力更集中,回馈质量更高。

3)对访谈者进行用户细分,就像建立用户画像一样。决定你是否能达到访谈目的的一个最重要因素就是受访者是否合适。你的受访者首先应当是当前产品的使用者或者当前问题的参与者,并且在这些人当中,你最好继续了解一下其个人信息并获悉他所代表的细分市场,综合这些信息对他的回答进行甄别。

在用户访谈过程中,需要注意以下几个方面。

1)简单地向用户透露接下来要谈到的内容和你要问的问题,强调访谈的目的,使受访者保持良好的心态并为接下来的谈话进行潜意识的思考。就像学校语文考试刚发下来试卷,有经验的考生会先去浏览一下最后的作文题目一样。

2)尽量让用户以讲故事的方式来回答你的问题。用户只是产品的使用者,他们无法从专业的角度去回答你的问题。最好的方法就是让用户以讲故事的方式将在使用产品过程中遇到的问题和他们的需求说出来。如此一来,你可以了解产品的具体使用情景，对问题有更深刻的理解和把握，这样的经历对以后的工作中从用户角度考虑问题也大有裨益。

3）让受访者对已有的或者挖掘出来的问题进行排序。整理你提出的或者通过访谈挖掘出来的问题并讲述给他，让受访者对这些问题进行重要度排序，以确定需求的优先级。

4）让受访者尝试说出问题的解决方案。按重要程度将问题排序后，我们可以要求受访者给出他们认为可行的解决办法，让他们畅所欲言，在这个过程中你要时时记录并表示赞许或者微笑点头。尽管用户提出的解决方案多数并不现实，但是我们还是需要记录，一是为后期的执行方案提供参考，二是可以通过他们提出的解决方案来猜测受访者的潜在动机。

5）用户访谈的过程中，可能会出现需求蔓延的情况。这个时候，如何控制需求的边界呢？第一，访谈的问题严格限定范围，提前向用户讲清楚这次项目的边界和讨论的重点，可以事先把问题列表发给客户；第二，在访谈过程中，通过谈话技巧及时地把用户拉回来。

下面是一个企业数据治理类项目用户访谈的提纲，涉及的访谈对象有客户方的CDO（Chief Data Officer，首席数据官）、首席架构师、数据治理工程师、业务部门的负责人等。

1）是否有统一的数据架构？如有，画出数据架构图。

2）是否建设了统一的数据仓库或数据中心？如有，画出其功能架构、技术架构图，标明汇聚了哪些业务数据。

3）是否有统一的数据开发平台？如有，罗列其中采用的主要开发语言、技术栈。

4）是否建设了主数据管理系统？如有，需摸清主数据建设的现状、功能点、主数据范围、分发模式。

5）是否建立了企业统一的数据标准？如有，标准的依据是什么？如何落地的？

6）是否具有元数据管理功能？如有，管理了哪些类型的元数据？有多少元数据？元数据的展现方式是什么？

7）是否具有数据来源和加工脉络的血缘追溯功能？

8）是否具有数据质量稽核功能？如有，建立了多少数据质量稽核规则？数据质量报告产出周期是多长？

9）是否有数据安全管控功能？如有，管控到表级还是字段级？管控哪些操作？

10）是否建立了数据治理相关的组织、制度、流程？如有，罗列相关的内容，并摸清落地的力度。

11）各个业务部门对于数据质量的抱怨集中在哪些方面？涉及哪些数据？过去有哪些应对措施？

12）是否进行过数据管理能力成熟度的评估？如有，需要拿到评估报告，并分析评估报告与现状之间的差距。

13）公司数据治理人才方面的储备情况如何？有多少名数据治理工程师？分别是什么水平？分布在哪些岗位？

5.5.2 用户场景

很多人认为，只有在设计面向大众的产品时才需要考虑场景，做企业和政府业务时场景的作用没有那么大。其实这是一种错误的认识。任何产品，最终都是人在使用；任何项目，归根结底还是为人服务的。我们在做需求挖掘的时候，如果用户说不清楚自己到底想要什么，有时候就需要设置合理的场景来挖掘和确定用户真实的需求。场景是故事板，描绘勾勒轮廓，在其中挖掘需求，把目标转化为具体的界面。

而一个场景之所以被称作场景，是因为它是由场和景两个要素组成的。"场"指的是时间和空间，让用户在这个空间中停留时间、消费时间。"景"有情景和互动的意思，用户停留在这个空间的时间里，通过情景和互动让用户的情绪触发，获得感受。

不同的需求是在特定场景下才需要满足的，我们要用场景来发现用户是谁、他们会在什么情况下解决问题、他们是如何解决这些问题的等。凭借着真实场景，我们能够对需求有更精准的判断，也就能做出功能更完善、更贴近用户需求的系统。因为用户在意的不是你的产品，而是在一个个生动、具体的场景中自己的感受。

比如，对于一个数据可视化大屏的项目，我们在模拟场景的时候，可以提出以下几个问题。

1）谁会使用这个大屏？
2）他为什么要使用这个大屏？
3）他会在什么时间使用大屏？
4）他怎么用？自己操作还是别人操作给他看？他自己一个人看，还是和很多人一起看？
5）如果是别人操作给他看，需不需要大小屏联动？
6）他有没有在大屏上下钻数据的要求？有没有跳转其他屏的要求？有没有在屏幕上直接联动业务操作的要求？
7）有没有实时展示监控视频的要求？

5.5.3　挖掘隐藏的需求

很多用户表面的需求，或者很多看似需要满足的需求，其实都是需要进一步挖掘的。我们不应该只关心用户表面的需求，而是要关心需求背后的真正用户诉求。这就是"需要"和"需求"的区别。"需要"是希望在产品中看到的功能，浮在表面上的东西，而"需求"是留待解决的问题，是更深层次的东西。

汽车大亨福特曾经说过："如果我当初问人们想要什么的话，他们只会告诉我想要更快的马。"

乔布斯也说过："用户不知道自己想要什么。"

这里分两种情况：第一，用户确实不知道他们想要什么，他们只有一个模糊的方向，但是一问到细节，他们自己也说不清楚；第二，用户知道自己想要什么，但是出于各种原因，他不愿意告诉你，或者不方便明说。

出现这两种情况，对应两种不同的解决办法。第一种相对好办，可以用一句话来简单概括：用户没有需求，我们就帮助用户"创造"需求。创造需求可以通过以下三种方法来实现。

方法一：听用户对现有产品的抱怨。现有产品是指什么？就是用户目前正在使用，但是用起来很不顺手的别家的产品。这一步其实是在强化用户的"焦虑"。但焦虑不是凭空捏造的，而是真实存在的，只不过是帮助用户把焦虑背后的问题看得更清晰而已。焦虑有了，接着就得给"解药"，这个"解药"实际上就是给用户新的需求。

方法二：对比法。告诉用户，我们在别的用户那里也遇到过同样的问题，他们是如何解决的。"他山之石，可以攻玉。"通过这种方式，启发用户"想出"自己的需求。

方法三：设置合理的场景。这就是前文讲过的，通过设置合理的场景，把人和事放在这个场景中，来挖掘用户真实的需求。

以上是面对用户不清楚自己的需求的情况下我们如何应对。那么，面对用户知道自己的需求，但是出于各种原因，不想告诉你这种情况，又该怎么办呢？出现这种情况，多半是因为我们和用户之间还没有建立起信任关系。从专业度上、情感上，用户还不相信我们。当用户对你没有建立信任的时候，千万不要急功近利地去告诉用户我们准备做什么事情，我们的方案怎么强，产品怎么好，会给你带来什么样的好处等。这种方式只会让用户更加抵触，用户可能会对你说："我根本不需要你的产品，你也不要来烦我。"遇到这种情况，售前首先要做的是从行业的视角，用分享的姿态，让对方感受到我们的专业性和我们的友善。当对方觉得我们是这一行的专家时，获得了信任感，他就会打开话匣子。总之，我们需要横向寻找解决办法，先建立信任，再去挖掘需求。

用户隐藏的常见需求有：

- 增强自己或所在部门在组织里的影响力。
- 制约竞争对手（包括公司内和外部市场上的竞争对手）。
- 项目是领导的想法。

- 项目只是为了花掉这笔预算。
- 为了其他项目打个良好的基础。

当然,用户也许还有更多隐秘的需求等待我们去挖掘。

5.6 确认需求和挖掘需求同样重要

挖掘客户需求并不是某个阶段的工作,这个工作可能会贯穿项目的整个生命周期,哪怕到了项目实施阶段,客户可能还会"突然"想起一个未满足的需求,或者客户的需求突然又变了。所以,与客户确认需求,和挖掘需求同样重要。

严格来说,在售前阶段,没和客户签订合同,是无法确认需求的。但我们可以把握住需求的框架,把需求"框"在一个比较明确的范围内,不至于让需求过于蔓延。

我们向客户呈上需求调研报告之后,他们关心的内容无非是以下几点:

- 调研的结论是什么?
- 调研的结论是否准确、充分地反映了真实的需求?
- 调研采用了哪些方法?
- 整理调研报告的逻辑是什么?
- 给出了什么有用的建议?

调研报告只要清楚地回答了以上问题,就可以和客户进行确认了。建议确认分两个阶段进行:

第一个阶段是私下的确认,首先找准可以对调研报告拍板的人,私下进行一次汇报,听取对方的建议,按照对方的建议修改完善后,再和对方确认一次。

第二个阶段是正式的确认,通常以需求评审会等形式进行。正式确认需求的对象有两类,一类是客户方的信息化负责人,另一类是客户方的业务负责人。

在形式上，可以发起需求评审会，会后以正式邮件的方式与客户再确认一次，最后将确定的需求文档打印出来，递交给客户方。这个阶段客户可能不会签字，但通过这种方式，双方能实现口头上理解一致的需求，对于后面项目经理的工作也有很大的帮助。因此，在售前阶段和客户确认需求，最好能拉着项目经理一起参加，能让项目经理了解项目的大致需求，评估工作量、风险、成本等。

5.7 需求如何与产品和解决方案结合

客户的需求摸清楚了，接下来最重要的就是如何把客户的需求与提供给客户的解决方案结合起来，让客户感觉到我们的解决方案真正地解决了他们的痛点、爽点、痒点。

如果你是有一定经验的售前，对这句话应该不陌生："根据客户的不同需求，提供定制化解决方案。"那么问题来了，如何提供定制化的解决方案？如何让客户信服自己提供的定制化解决方案？

在和不同企业交流探讨他们面对的挑战时，最后问题都会聚焦到产品和解决方案的竞争力上，这个问题包含两方面的含义：一是对标客户需求——产品和解决方案是否与客户需求有效匹配；二是对标竞争对手——是否有差异化的竞争力。

但要满足这两点并不简单。一个企业的解决方案能力实际上是企业呈现出来的以客户为中心的整体实力。企业的解决方案能力的提升需要跨体系的组织协同。

解决方案要想较好地结合客户需求，可以遵循以下思路。

1）大的背景是怎样的。国家层面、行业层面、客户层面各有什么样的环境与发展趋势。

2）现状是怎样的。企业当前的现状如何，具备哪些条件，哪些地方还需要加强。

3）剖析问题。企业存在的主要问题是什么，这些问题发生的原因是什么，如果有必要，还要顺着这条归因的链路，去剖析更深层次的原因。在一系列真实的原因中，还要根据"80/20法则"确定最关键的要因，也就是真因。这个部分最能体现我们对客户业务的理解和前期需求挖掘的成果，是打动客户的关键。倘若客户认为你对他的问题看得不准，后面的内容就不用再继续看了。在这个部分需要注意的是，既要指出当前存在的问题，又要注意方式，因为如果说得太直接，容易贬低客户前期的建设成果，伤害客户的感情。

4）解决方案的大体思路。针对背景、现状、问题提出解决问题的大体思路，这个解决方案如果成功落地，可以实现什么样的效果。

5）详细的解决方案。针对解决方案中的重点进行详细分析。

6）成功案例。可以介绍之前遇到过的类似客户，用了我们的方案效果很好，客户的"病"已经被治好了。

7）总结。我们还需要总结我方的优势以及给客户带来的价值。

5.8 本章小结

如果把售前工作比作射箭，那么客户的需求就是我们要瞄准的靶心。我们的一切工作都要围绕着解决客户的需求来进行。可惜，客户的需求并不是显然易见的，我们需要通过各种方法去挖掘。

和客户确认需求与挖掘需求同样重要，能帮助项目经理了解项目的交付内容，并将项目的风险前置。

第 6 章
如何做好技术交流

如何做好技术交流？要回答这个问题，需要先定义技术交流的本质是什么。在笔者看来，一场正式的技术交流，不管听众是几十个人还是一两个人，其本质都是不变的，那就是一场小型的演讲。既然是一场演讲，我们就有必要以准备演讲的心态来准备一场技术交流。

而关于演讲，其实有很多误区，常见的有以下四种。

第一，认为演讲主要是展示自己的才华和思想，应该以自我为主。

第二，演讲的机会非常难得，应该为听众提供尽可能多的信息。

第三，演讲主要就是讲 PPT。PPT 制作好了，演讲就成功了一大半。

第四，演讲就是让我演和讲，我演完了、讲完了就结束了。

以上这些都是演讲中的常见误区。其实演讲的本质是与听众建立思想和情感的连接，通过这个连接的通道对演讲对象施加某种影响。演讲并不是展示自我的水平有多高，演讲的核心也不是 PPT，PPT 只是演讲中的一个工具而已。

要建立起与受众的连接,演讲就不能是自说自话,只讲自己想讲的,单向灌输,而是从准备阶段开始,就要考虑到这是一场双向沟通。为了让思想更好地触达听众,你的观点不能太多,而是要突出重点,你讲的内容听众会忘掉一大半,重要的是怎么让听众记住你最想传递的那一两个点。

这才是演讲的本质,也是技术交流的本质。

那么达到什么样的标准,才能说这是一场成功的技术交流?需要我们做到哪些事情?达到哪些目标?笔者根据自己无数次交流的经验总结如下。

第一,见到了该见的人。事先约的客户都见到了,而且客户不是敷衍了事,而是很认真地和我们经历了沟通的整个流程。

第二,说了该说的话。想要传递给客户的理念都成功地传递到位了。注意这个"到位",不是我们的主观判断,而是客户真的认可了我们的方案。

第三,全程可控。抓住了全场的注意力,没有慌张,没有失态。一句话,全程都在你的预料和控制中,没有翻车。

第四,建立了针对竞争对手的护城河。无形中占领了客户的认知高地,针对竞争对手,建立了我们自己的优势地位,进可攻退可守。

第五,把事情向前推动了一步。技术交流的目的是什么?很多人会回答,通过展示我们的实力,让客户信任我们。但这仅仅是其中一个目的,技术交流其实还有第二个更重要的目的,那就是促使客户和我们一起行动。这个目的往往被我们所忽视。因此,我们准备的技术方案中不能只是我方实力的展示,更重要的是要建议客户怎么做,推动客户的下一步动作。也就是说,我们的方案应该是一份建设性的提案,让客户和我们一起把事情继续往前推进,下一步可能是向更高一层领导汇报,或者开始进行正式的内部立项,或者做一次技术验证,甚至邀请我们参与招投标。

第六,获得了客户对售前本人的认可。简单来说,就是获取了客户的信任,树立了专家形象,客户愿意继续主动地找我们咨询、交流。

第七，学习到新的知识。通过对此次交流的复盘，学习到此前不知道的知识，比如客户的业务知识，改进了自己演讲中的一个小缺点等。

笔者认为，如果能做到以上七点，这场技术交流就可以称得上是非常成功的。

6.1 前奏：成功的关键在于准备

很多人对自己的临场应变能力有超乎寻常的自信，认为无论在什么场景下，做什么主题的演讲，遇到什么问题，自己都能够自信满满地应对，甚至成为全场的焦点。但实践证明，迷信于临场发挥的人，早晚会当众出丑。这就像古话所言：常在河边走，哪有不湿鞋。

记住：不打无把握之仗，不做无准备之事。

6.1.1 内容准备

笔者曾合作过一位销售，他算是这个行业里比较资深的了，无论客户抛出什么问题，他都能沉着应对。但是如果你仔细听他讲的内容，会发现大多数时候，他都是在绕着圈地把客户的问题接住，却又巧妙地轻轻放下来了。整个过程犹如在打太极，又像是在踢皮球。而问题依然还是存在，回答看似滴水不漏，实则毫无价值。如果是一般的客户，现场很容易就蒙混过去了。如果是反应较快的客户，很可能会追着问下去，最终让他不得不直面问题。

这种临场应变有时候是有用的，在遇到不友好的客户有意刁难的时候，可以缓解场面上的紧张和尴尬气氛。但是这件武器要谨慎使用，偶尔用用可以，不能当成常规武器来使用。面对客户正常的提问，我们最重要的是真的知道这个问题的答案，并且可以流畅、有层次、有逻辑地回答客户的疑问。这才是正道。

在笔者看来，内容准备有以下几项工作要做。

第一，提前排练。

著名的投资人、计算机科学家吴军老师曾经分享过他的博士生导师库旦普教授是如何准备一场报告的。即使是一个 15 分钟的报告，他也要准备一两天，不仅 PPT 要反复修改，而且每一张 PPT 结束的时候，停顿的时间都是事先设计好的。有的时候，他觉得观众听完后可能需要时间思考一下，他就会停几秒不说话。还有的时候，他会讲一句俏皮话来做过渡。在正式演讲之前，他至少要预演三四次，直到内容背得滚瓜烂熟。自然，对于观众可能会问什么问题，他也早已经准备好了，基本不会出现需要临场发挥的情况。

这样细致的准备工作自然可以保证每次演讲的成功。如果我们在做售前工作时，每次和客户交流之前可以像库旦普教授一样准备充分，又何愁不能成功呢？

面对重要的交流、汇报，建议事先排练一到两次，这样做有两个目的，一是在排练的过程中查漏补缺，二是通过熟记内容和预演，减轻现场的压力，让现场交流更加顺畅。

遇到述标等重要的演讲场合，笔者都会事先排练 3～5 遍，并在过程中请同事帮忙指出错误，提出好的建议，不断改进。

我们应该记住，作为一名有责任心的售前，不要迷信临场发挥，一场成功的技术交流，90% 依赖于充分的准备。

这世上可能的确有天才的演说家，可以在现场发挥，成为众人的焦点，得到大家的认可。但是我们绝大部分人都不是天才，勤能补拙，这是从古到今都适用的智慧。

第二，写好备注。

如果我们需要使用的 PPT 之前没怎么讲过，自己不熟悉，可以写一下备注，在讲解的时候使用备注来提示自己，但是不要落入照搬的境地。因为书面语言和口头语言还是有比较大的差异的，照搬书面语言会让我们的表达显得比较生硬。

写备注其实也是梳理思维的过程。在这个过程中，我们可能突然发现，有些之前没有想清楚、不知道怎么讲的内容一下子想通了，知道该怎么讲了。通过提前写备注的方式，不能保证我们的演讲得 100 分，但能保证我们至少得 80 分。

第三，在可能的情况下，多准备几套 PPT。

很多售前在交流前只准备一套 PPT，但我们需要考虑到对方有可能会重点关注 PPT 之外的内容，这个时候我们事前没有准备，就会陷入被动。笔者的做法是，事先考虑到客户可能会在某个方面和我们深入探讨，把相关的材料都放在同一个目录下，并做适当准备。如果现场客户要深入交流某个方面的内容，可以马上打开另一个 PPT，和客户讨论下去。

第四，注意 PPT 的结构。

结构是逻辑的体现。PPT 的结构没有一定之规，常见的结构如下。

第一部分：公司介绍。

第二部分：行业和企业的背景、挑战；企业的现状及遇到的需要解决的问题。

第三部分：提出的解决方案的思路。

第四部分：解决方案的详细分解。

第五部分：我们做过的行业案例。

第六部分：总结这份解决方案有哪些亮点，欢迎客户提问。

这是个通用的结构，你也可以根据实际需要调整，比如调换各部分的位置，可以把公司介绍放在最后一个部分，或者进行合并、删减，可以把第三部分和

第四部分合并。

第五，注意 PPT 的风格。

售前是技术型的销售，最重要的是给客户留下可信任的专家的印象。从这点出发，我们可以得出结论：售前的 PPT，重要的是求"稳"。"稳"体现在以下几个方面：

- 逻辑要稳。章节、上下文之间要有清晰的逻辑联系，全文要有一条逻辑链条，让客户顺着你的思维走。
- 数据要稳。PPT 中写的所有数据要有权威的出处，要经得起检验。
- 技术细节要稳。我们的架构图展现的技术细节要经得起客户的询问，要能给出专家级别的解释。
- 故事要稳。行业就这么大，如果我们讲故事过头了，很容易露馅。形象分一旦失去就很难挽回，所以讲故事要适可而止。
- 风格要稳。我们展现给客户的材料不要过于花哨，风格以稳重为主。

那么，做到了以上五点，是否就是一份优秀的 PPT 呢？在笔者看来，一份优秀的解决方案需要满足以下几个标准：

第一，定制化。对客户的痛点和需求了如指掌，然后把解决方案的价值传递清晰，被客户所接受。作为一名专业售前，千万不要有一套 PPT 打天下的懒惰思想和行为。

第二，清晰。解决方案包含清晰的结构和清晰的内容。结构清晰是有清晰的逻辑思路，客户回味你讲的内容，能顺着一条主线捋下来。内容清晰体现为文字、图片和排版要清爽。对 PPT 里的每一个知识点，都必须做到心中有数，并能够清晰地表达给客户。引用的数字要有权威出处，不能前后矛盾。越重要的数字越要清楚出处。

第三，简洁。简洁不是一味地简单化，而是突出重点。给客户讲完一份 PPT 后，客户往往只能记住内容的 10%～20%，我们要确保的是客户记住的那部分,恰好就是我们想要客户记住的那部分。

第四,故事性。客户记不住你的方案细节,但客户能记住你讲的精彩的故事、恰到好处的比喻。故事和比喻都是提前设计好的,不是在现场灵感迸发突然想到的。所以平时要多注意收集素材。

第五,共赢。解决方案是市场营销中的核心,而市场营销的成功只能建立于客户的成功之上。我们的解决方案必须传递出对于客户的价值,同时要尽量避免过度承诺,有经验的客户都知道,过度承诺往往会带来两个不良后果:一是供应商交付成本的失控;二是项目在实施过程中大打折扣,甚至烂尾。客户和供应商都会追求自身价值的最大化,我们需要在客户的成功和我方的利益之间,着眼于长期合作,保持平衡。有一些技巧可以参考,比如对于客户提出的一些非分的需求,可以在解决方案中作为长期建设的目标,而不放在本期项目建设的内容中。

笔者认为,一份解决方案PPT做到了以上五点,就可以算是优秀。PPT创作完成后,不妨换位思考一下:站在客户的角度看是否满意,是否做到了对客户需求的准确而深刻的理解,是否做到了重点突出和亮点突出,是否能激起客户与你继续深入沟通的欲望。这个换位思考的过程就是检验我们的方案是否具备穿透力,是不是一份优秀的解决方案的过程。

6.1.2 形象准备

售前工作需要经常拜访客户,形象是客户对我们的第一印象,其重要性不言而喻。很多售前都是开发、项目管理等岗位转过来的,以前做开发的时候,每天面对的都是公司里面的"自己人",并不重视自身的穿着打扮。转到售前岗之后,就很有必要花点时间捯饬捯饬自己。

形象准备的核心,其实还是要回到第1章讲的售前岗位最重要的特征——值得信任的专家形象上。因此,售前的仪表和形象也要向专家靠拢。

具体来说,穿着打扮需要较为正式得体。干净利索是最基本的要求。见到的领导级别越高，场合越正式，对穿着的要求通常也更高。如果你是男士，特别注意不要露出文身，头发干净清爽。如果你是女士，切忌穿得过于性感。虽然怎么穿是个人的事情，但我们毕竟也要考虑不同的场合，在商务场合，我们不仅代表自己，更代表所在的公司形象。如果你穿着打扮不注意，客户可能会对你们公司产生怀疑，觉得公司也不靠谱。

在出发前准备好自己的名片，名片上印的头衔不要过于夸张，要贴合自己现在的身份和形象，还需要检查下自己带的名片数量是不是足够了，以免造成尴尬局面。

需要注意的是，把自己的名片递给对方的时候，应该让你的名字面向对方，也就是让用户能够一眼看到你名片上的主要信息，不需要再翻转。递名片的时机可以是刚与用户见面的时候，也可以到了会议室，大家都坐好以后递送。在接对方名片的时候，要双手接，接过来后，一定要看一下再正式地收起来，以示尊重。

在商务场合，大家经常会握手。握手的时候，要确保自己的手干燥温暖，如果刚刚洗完手，就擦干后再握。握手的力度应适中，切忌用力地上下摇晃对方的手，如果对方有意这样做，我们配合就好。握手的时候，要面带微笑，语带寒暄，看向对方。

在拜访客户的过程中，要全程保持专家的心态、气定神闲的表情，以及经常面带微笑，友善、柔和地看着对方。

在进行讲解时要注意语速语调，吐字要清晰，逐渐形成适合自己的风格。

虽然面对的是客户，也没必要时刻讨好对方，沟通过程中做到平等尊重即可。

回答困难问题的时候，切忌不懂装懂，面对突发状况要做到面不改色，给自己缓冲时间，可以善用语言技巧，迂回地回应对方，也可以先留下缓冲地带，回去请教公司的资深专家，确认无误后再正式回答对方。但这种情况不要太多，我们回答不上来问题的时候应该是特例。绝大多数时候，我们应该能够对答如流，否则就是一个不称职的售前。

面对客户的时候，既要表现出专家的形象，又不能时时都以专家自居，显得不真诚。如果我们一开始端着，但遇到的客户是一个气场非常强大的人，就很容易败下阵来。作为售前，我们要经常保持空杯的心态，抓住时机向客户学习，毕竟在对方的业务领域，客户才是真正的专家。另外，向客户请教，其实也是一种重要的沟通技巧。

6.1.3 心态准备

在和客户交流之前，我们要保持一个平等的心态。我们既不比客户低一等，也不是去给客户传道授业的。我们面临的是一场双向沟通：向客户传递我们的价值，听取客户的需求和意见。

当然，售前在面对有身份、有地位的陌生客户时，难免会感到紧张，这是任何人都会有的现象。毕竟我们将要进行的也算是一场小型的公开演讲，而且面对的还都是陌生的客户。笔者刚从事售前工作的时候，也闹过一个笑话，见到一位重要的领导时，把对方的姓搞错了，对方姓李，我却称呼对方"王总"。

有一些简单的方法可以帮助缓解重要交流之前的紧张感。

最重要的就是内容准备充分，多排练几次。如果你对今天讲的内容很有信心，对客户会问到哪些问题也胸有成竹，自然就没有那么紧张了。

最紧张的其实是开头那两三分钟。为了快速忘掉紧张，进入状态，你可以为前三分钟的演讲设计一个开场白，比如一个和主题相关的故事、赞美客户、介绍自己等。

将注意力更多地放在内容上，而不是客户的身体语言、表情上。如果你过多地关注听众，你可能会误解客户的某些动作，从而觉得自己没有讲好，这会打乱你的阵脚。重要的是内容，一定要对自己讲的内容充满信心。不过多地关注听众,并不是完全不关心。如果从客户那里捕捉到明确的信号,就需要根据客户传递的信号来调整自己的临场表现。比如,如果你观察到现场的人一多半都拿出手机看了起来,那就少讲点技术和数据,可以把准备好的故事拿出来,或者与客户进行一下互动。

通过喝水、深呼吸、调整身体语言等方式调整自己的心态。如果还是感到紧张,可以喝点水,进行几次深呼吸,摆出更加自信的姿态,大部分情况下都会产生效果。

讲话时注意语速。很多临场紧张的人,语速都很快,恨不得马上结束这场交流。而沉稳的人,语速不紧不慢,平缓适中。当你把语速调整到平时说话的正常状态时,你会发现已经没有那么紧张了。

对自己说一次交流不是万能的。一次成功的技术交流固然可喜,会有力地推动项目前进,但万一搞砸了,后面还有补救的机会。不会仅仅一次交流就拿下项目的,至少笔者没有经历过。通过这次交流,至少你知道了客户真正想要的是什么,接下来我们应该如何准备,这为下一次成功的交流打下了最好的基础。

多参加几次这种交流,自然就不紧张了,再到这种场合就会游刃有余。

当然,以上所说的都只是一些方法和技巧。笔者认为,最好的心态准备就是让自己成为真正的行业专家和技术专家,肚子里有干货,自然不惧任何场合。

6.1.4 情报准备

知己知彼,百战不殆。自古以来,人们就非常重视情报工作,情报的质量很多时候可以成为获胜的关键因素。

在售前工作中,情报工作可以简单地分为以下几项:

- 充分地了解你的客户,包括客户的业务、参加交流的客户级别、客户感兴趣的话题等。

- 充分地了解你的竞争对手，包括对手在客户这里已经做了什么工作，客户对他们的认可度如何等。
- 在了解以上事实的基础上做出正确判断，有针对性地准备我们的交流材料。

1. 充分地了解你的客户

要想充分地了解你的客户，需要事先做好情报工作。这些情报通常来自于销售带回来的客户信息。换言之，销售有义务在第一次正式的技术交流前，摸清必要的客户信息并向售前传递。而作为售前应该主动向销售问清楚以下几个问题，如果销售无法回答这些问题，交流的效果将大打折扣。

第一个问题：参加这次沟通会议的对方的身份是什么？

对方是谁通常决定了他想听什么。如果对方是高层领导，通常想了解此次项目的建设与企业的战略规划、长期愿景是否相匹配，能为组织带来哪些好处。如果对方是业务负责人，通常更希望听到对业务痛点的分析、未来的业务场景规划、行业发展趋势、同行的成功案例。如果对方是技术负责人，可能更关心底层的技术架构、和竞争对手的产品对比等。销售在客情关系中是打头阵的，完全可以提前做一些工作，了解清楚对方有哪些人会参加交流，对方感兴趣的点在哪里。客户的身份、客户感兴趣的点就是我们交流的起点。

第二个问题：是否和客户确认好了交流的议题和每项议题的时间分配？

在正式交流之前，销售或售前可以提前和客户电话联络，把准备的议题和每项议题的时间分配报告给客户，一方面显得非常专业，另一方面表示我们很尊重客户，但最重要的是，通过这个过程，我们可以知道客户真正关心的是什么。比如说，在这个过程中，如果客户希望技术答疑的时间从原定的 15 分钟延长到半小时，这个时候我们就知道，参加会议的一定有技术负责人，这次会议重点要解决客户在技术方面的一些疑问。

第三个问题：客户是否有预设立场？

为什么要事前充分地了解客户的预设立场？因为客户都是"陌生人"，要和一个陌生人做生意，对方天然就会有戒备心，而和一个陌生人之间快速建立信任的最好方式就是谈论彼此之间都熟悉的话题和有共鸣的观点。那么，为什么熟悉的话题、有共鸣的观点会迅速拉近两个陌生人之间的关系呢？因为寻找认同感是我们的天性。很多人表面上是在交流，实际上是在寻找认同。人总是选择性接受自己愿意相信的东西，而客户认同的部分就是我们最好的交流切入点。

很多时候，当你看到一篇文章，认为作者说得很对、很好的时候，也许只是因为它刚好说中了你心里的想法。

作为售前，我们要做的也是找准客户的预设立场，如果在沟通中发现我们事先没有找对位置，那就及时调整。总而言之，就是从客户的预设立场出发，把我们的观察、观点和客户的预设立场结合在一起，再以此展开交流。如果客户觉得这个东西是熟悉的，自然就容易接受了。

但光"熟悉"还不够，要获得客户的高度认可，还需要在"熟悉"的基础上进行升华和转变，给客户一种"意料之中的意外"的感觉，这就是"熟悉+意外"的组合。根据近年来的心理学研究，"喜欢＝熟悉+意外"就是一部文艺作品的成功公式。笔者认为把这个公式套用在技术方案上也完全适用，其中，"熟悉"就是帮客户把他心里想说的话说出来，一定要比客户自己说得更全面、更清楚，这是客户已知的部分、熟悉的部分、认同的部分，而"意外"就是对"熟悉"的升华，让客户不仅认为你说得对，甚至还能为此"拍案叫绝"，这部分是客户此前未知但肯定会认同的部分。

2. 充分地了解你的对手

通过销售的客情关系，我们应了解之前还有哪些厂商来做过交流，交流的效果如何，客户有哪些满意和不太满意的地方。这样做有两个目的：一是搞清楚哪些是客户的禁区，是客户根本不想听甚至反感的内容，避免踩坑；二是根据竞争对手的情况，设计有针对性的竞争策略。比如客户对竞争对手产品的某个功能亮点非常满意，我们可以告诉客户，我方也有这方面的功能，甚至可以更好；竞争对手没有但是客户又比较看重的东西，我们更要重点强调。

当然，有些情报是可遇不可求的，要看销售的客情关系。在这方面，我们只能尽力而为。

3. 做出正确的判断

在充分地了解我们的客户和竞争对手之后，接下来要做出正确的判断：马上要进行的这次交流的定位是什么，要达到什么样的效果，怎样做才能达到想要的效果，甚至你应该想到这次交流结束后，下一次的拜访要谈些什么内容。

做好这几项情报工作，再有针对性地去拜访客户，比直接去客户那里拿出一套 PPT 宣讲的效果要好得多。

6.2　高潮：交流现场需要注意什么

做好了准备工作，你踏入客户会议室的时候便能充满自信，再加上良好的现场发挥，一场交流至少也能在 70 分以上。

如何才能有良好的现场发挥呢？下面进行具体介绍。

6.2.1　开场

开场非常重要，开场如果顺利，可以给参加交流的客户留下一个不错的印象，吸引他们继续关注你接下来要讲的内容。开场如果因为紧张或者准备不足而搞砸了，会对后面的内容表达有很大影响。

开场的目标是：活跃一下气氛，让双方放松下来，并迅速"入戏"。注意这里说的是"双方"，也就是说，好的开场既能让客户放下戒备，同时又是自我暗示，能让自己消除紧张，进入从容状态。好的开场也能表明我方对客户足够重视，对这次交流足够重视。

开场有几种方式：可以贴合今天的主题，从一个准备好的小故事开始；也可以从介绍自己的身份开始；还可以从称赞客户开始。这三种开场方式可以在面对不同的客户的时候灵活运用、自由切换。但开场的时间不宜过长，否则就有华而不实、喧宾夺主之嫌。开场的时间建议控制在两分钟之内。当然，如果客户自己有兴趣接着你的话题聊，那就顺其自然，接着客户的话继续聊。

在这里再分享一个开场的技巧，很多售前在开场的时候喜欢说："在我讲的过程中，各位如果有什么问题，欢迎随时提问。"这样说表面上是给足了客户面子，让他们可以随时打断自己，但思考一下：客户往往是在什么样的情况下会打断自己？第一，没有听明白；第二，有反对意见。这两种情况都需要我们随机应变，在很短的时间内给出一个满意的答复。这对初中级售前的挑战实在是太大了。一旦我们没能给出足够好的回答，就会影响后面的发挥，也会影响客户接下来对你演讲质量的评价。况且，我们的演讲应该是一气呵成的，中途的打断往往会扰乱我们的思路，影响演讲的效果。所以，不建议给客户这个"特权"，在开场的时候可以这样说："在我讲的过程中，各位如果有什么问题，欢迎先记下来，等我讲完后，我们一起探讨。"这样说了之后，客户一般就不会中途打断你了。如果还是有"没有听懂"的客户，非要在你讲到中途的时候提出挑战，可以这样说："您这个问题提得很好。要回答这个问题，需要从三个维度来阐述，一两句话很难说完。请允许我先把 PPT 讲完，我们回过头来再深入探讨这个具体的问题。您看可以吗？"这样一方面可以从容地接着讲下去，另一方面也可以先在潜意识中酝酿这个问题，当你讲完后，也许完整的答案就呼之欲出了。

6.2.2　把握好语言的尺度

1. 激情澎湃还是娓娓道来

很多初级售前容易犯的一个错误就是讲话的语速比较快，恨不得用最短的时间把最多的信息传递给客户。这其实是一种比较紧张、对自己讲的内容不自信的表现。客户会因为售前的语速过快而不适应，反而抓不住你想表达的观点。

有经验的售前的讲话语速都不会太快，但他们的讲话会很有节奏，对客户不关心的内容或者大家都已经熟悉的内容就一笔带过，而对客户重点关心的内容，从多个层次组织语言把它们讲透，让客户真正信服。

记住，让语速慢下来，自信马上就会回来，因为那种掌控感回来了。

除了语速的问题，还有些售前经常在句子之间夹杂一些没有实际意义的词语。这种习惯容易形成，但不容易改正，因为听的人比较敏感，但讲的人不容易注意到自己的习惯。

要改掉这种不好的习惯，可以把自己的讲话录下来，回头自己听两遍，自己的说话习惯就很容易被感受到了，然后再按照正常的方式重复两遍。在下次交流的时候，注意少用一些无意义的词语，最终就会纠正自己的不好的习惯。

2. 先学会聆听，再表达观点

第 2 章阐述了一名合格的售前必须具备优秀的倾听能力，这里延伸一下这个话题。沟通中一个最重要的技巧不是说，而是听，听懂对方话里的观点、情绪、期望。

客户最关心的问题往往隐藏在长篇大论中。我们要尽可能捕捉关键词，如"我担心""这个地方会不会出问题""这个问题你们过去是如何解决的""有没有成功的案例"等。捕捉到这些关键词的时候，尽量向客户复述和确认，确保自己准确理解了客户的需求和问题，然后再给出有针对性的解释。

在与客户沟通的过程中，还有一个非常好用的技巧是通过复述对方的观点，和客户确认他表达的观点，并把事情往前再推进一步。对方可能洋洋洒洒地讲半小时，接下来该我们接话。这个时候千万不要一开始就说我们的观点，而是要先复述一遍对方的主要观点，总结客户的思想，再顺着客户的想法把自己的观点陈述一遍。

3. 把握好交流的分寸

笔者把与客户交流过程中交流的分寸总结成三句话：保持谦逊，少吹牛，不辩论。

作为售前，我们要打造的形象是客户可信赖的专家，要把握好语言的尺度，时刻自觉维护好自己的这个形象。

首先，保持一个谦逊的姿态，抱着向客户学习的心态开展交流。

其次，作为售前，我们在案例上可以包装美化，但是切忌承诺产品无法实现的功能，否则客户一旦感兴趣，非要这个功能，后面无法交付。要记住，我们是客户值得信赖的专家，不要打破客户对我们的这个印象。满嘴跑火车的售前，不是好售前。

最后，非常重要的一点是不要试图"说服"你的客户，而是寻找你和客户的共同点。从共识出发，达成互信和合作。即便你和客户之间真的有巨大的分歧，也要用探讨的方式，不要发展成一场争论。因为在争论过程中无论你是否占据上风，你永远都不可能获得最后的胜利，而是会输掉整个项目。笔者见过最糟糕的技术交流就是演变成了一场你错我对的辩论。记住，在和客户交流的过程中，保持平和的情绪，挖掘客户产生异议的原因，寻找相同点，把握好语言的尺度。有句话说得好："有些人想赢，有些人想赢得一场辩论。"你是哪种人呢？

6.2.3　做好与听众的互动

售前在介绍技术演进等内容时，听众是很容易分神的。很多售前都遇到过自己才讲了十几分钟，就看到客户掏出手机玩的情形，这种时候只能硬着头皮继续讲下去。那么，应该如何解决这个问题呢？

与听众互动是一个有效的手段。售前介绍技术演进是单方面的输出，听众随时可以关闭他身上输入的阀门，把精力投入到别的事情上。而通过互动引入一些意外的因素，让听众感觉新奇，可以把已经溃散的注意力重新聚集起来。笔者总结了三种与听众互动的方法：引用客户的话和观点，鼓励客户提问，问一个启发性的问题。

在交流的过程中，引用客户刚刚讲过的某个观点、某句话就是一种良性的互动。这一方面表明你很认真地听取并记住了客户的发言，另一方面也说明你认同客户的观点。

另外，在演讲结束后，还可以鼓励客户提问题，他的问题得到了很好的解答，对这场交流的评价就会很高。

第三种很好的互动模式是向客户提问。提一个能引发客户思考的问题，当然不能要求客户回答，而是问出来之后稍微停顿几秒，然后我们完美地解答出这个问题。

有经验的售前都知道，不怕客户问问题，向我们提问题，这证明客户对我们的方案感兴趣。如果整场交流下来，客户一个问题都没有，那么几乎可以肯定，不会再有下次交流的机会了。俗话说得好："挑剔是买家，不语是看客。"会挑刺的客户才是好客户，所以，千万不要害怕客户提问题，要拥抱客户对我们表现出来的兴趣。

客户提的众多问题中，大致可以分为两类：第一类是常规问题，我们事先有所准备，甚至已经无数次回答过其他客户。但这并不意味着我们就不能再改进我们回答常规问题的方式；第二类是比较刁钻的问题，或者是超出了我们当前的知识范围、暂时无法回答的问题。

如果是在自由问答、讨论阶段，客户问了一个比较刁钻的问题，我们回答不上来，可以大大方方地告诉客户："您的这个问题非常专业，我需要回去请教我们公司的资深专家，再给您一个准确的回答。"客户往往也能够理解。回到公司后，别忘了请教专家并查找资料，及时地给客户满意的回复。

随着交流次数和见识的增多，售前的经验也会随之增多。对于常见的问题，一定要花时间整理出最佳答案，并分门别类地组织好，最终形成自己知识库中非常重要的一个部分。

总结一下，遇到客户的各种问题，首先要准备充分，手头有一个称手的武器库。其次，在回答问题之前，先肯定客户提出的问题的合理性和高度，常用的语言有：

"您看问题看得非常深……"

"这个问题非常专业……"

"非常感谢您提出来这么好的问题……"

"您提的问题正好是我接下来要讲的重点……"

如果有可能的话，还可以先重复一遍客户的问题，再进行回答。这样一方面可以和客户确认你听懂了客户的问题，同时也为自己的思考留足了时间。

6.2.4　如何控制场面

既然是人与人之间的交流，双方又不可能事先一起排练，现场就难免会出现各种预想不到的状况。比如：客户对你代表的厂商有某种偏见，甚至会恶意地质问和攻击；现场演讲时，自己出现了逻辑不自洽的错误被客户给抓住了；客户对你讲的内容不感兴趣，直接玩手机、打电话等，这是最常见的状况。遇到这些状况，我们应该怎么办？

遇到刁难的客户怎么办？普通售前往往就采取两种模式：不知所措，直接反对。

为什么不应该直接反对客户的观点？因为大多数人都会有一种习惯性的防御思维。这是一种非常常见的心理现象。当一个人认为自己的观点、尊严受到挑战的时候，他的第一反应不是思考这种挑战是否有其合理性，而是还击，这就叫习惯性的防御思维。习惯性防御思维来自于人的基因，一个人总是希望自己能避免当众难堪，避免掉入某种公开的窘境，因为这种场景不利于一个人在集体里的地位。真正敢于在公开场合说自己之前错了的人少之又少。

所以当我们的观点和客户的观点冲突的时候，无论我们多么正确，都不要"据理力争"，不要触发客户的习惯性防御思维，而是要想办法绕开这道"马奇诺防线",迂回地说服客户。同时我们也要认识到自己身上也有习惯性防御思维,最好不让这种思维影响我们追求正确的知识。

先从肯定客户的立场开始。无论客户的观点多么离谱,我们都可以肯定客户的出发点是对的,客户的诉求是对的,是为了解决某个问题。然后再回到我们的内容上——"根据我们的实践经验,还存在另外一种解决这个问题的方法……"

现场出现了错误应该怎么办?大大方方地承认自己刚才的疏忽,向客户道歉,同时用正确的逻辑重新再讲一遍,并在讲完后询问客户:"不知道我这次是否已经讲清楚了,各位领导有任何疑问欢迎继续和我探讨。"只要是人就会犯错误,通情达理的客户都能理解。

6.2.5 拜访注意事项

1. 第一次拜访需要注意的事项

如果是第一次拜访,不要着急推荐你的产品和解决方案,因为首次交流,客户有戒备心是必然的,我们应尽量营造和客户对话的轻松、愉快的氛围,获取客户对我们的信任,为下一次拜访打好基础。

首次拜访,我们可以简单介绍自己的公司和产品系列,如果客户真的很感兴趣,再深入交流。在轻松、愉快的氛围的基础上,适当地询问一些客户的需求、项目的几个关键时间节点等信息。

总而言之,第一次拜访不要目的性过强,要知道,这才是一系列动作的开始。

2. 高层拜访需要注意的事项

走到高层拜访这一步,说明此前的几次交流都比较顺利,客户内部已经把我们推荐给了高层,高层对我们也比较感兴趣。高层拜访比下面的交流更具决定性,高层的一句话可能就决定了项目今后的走向,所以面对高层拜访,我们要特别认真地准备。

高层拜访相对更注重仪式感，穿着各方面需要更加注意，一定要准备好名片，整个过程中表现出对领导足够的尊重。

在交流之前，为了表示尊重，可以把接下来议程的选择权给到客户，比如，可以这样说："李总，考虑到您的时间特别宝贵，您看是我先简要介绍下我们公司，还是请您先讲一下贵公司的业务情况？"

高层领导更关心项目的价值、在企业战略中的定位等方面的内容。在和高层沟通的过程中，除非对方是技术专家出身，否则尽量少讲技术，多讲行业先进案例、业务价值、愿景、项目如何与企业的战略规划契合、我方的实力、参与项目的决心等。

6.2.6 设计你的"强力瞬间"

无论你准备得多么细致，讲解得如何深入浅出、通俗易懂，现场的反应多么热烈，客户最终会忘记交流内容的 80% 甚至更多，最多只会记得 20% 的内容，所以，这 20% 的内容如何设计就至关重要。

《强力瞬间》一书讲了一个简单但容易被我们忽视的道理：良好的体验感是可以被设计出来的。这门学问就叫作"体验设计学"。在笔者看来，凡是做与人打交道的工作，都有必要了解一些"体验设计学"的知识。

对于一次技术交流来说，你设计的"强力瞬间"可能是公司产品里一个突出的亮点，可能是你们做过的一个同行业的极有借鉴意义的成功案例，也可能是你对客户提出的需求有独到的、深刻的理解，还有可能是你讲了一个很有趣、很有启发意义的故事，或者是你打了一个有如神来之笔的比方，让客户对一个复杂的问题瞬间豁然开朗。

在进入强力瞬间之前，可以提醒客户，比如，可以这样说："下面我要讲的这一页就非常重要了，相信会很有参考价值。"

有一次笔者在一家白酒企业交流企业服务总线的采购和集成方面的工作，对方是负责项目的信息化部门负责人，说实话，我们的产品不如竞争对手，还需要一些现场的二次开发才能满足项目的需要，而竞争对手的产品可以说是即插即用，只需要实施服务接口的集成就可以了。所以在这次交流的时候，产品部分我讲得中规中矩，重点突出了我们的一个成功案例——在华东某大型酒厂做的企业服务总线集成项目。在这次宣讲之前，我就从项目经理那里调研到大量的关于该项目的一手材料放到我的 PPT 里，作为重点宣讲的内容。过程中客户很感兴趣，问了很多问题，我们就顺水推舟，邀请客户去华东这家酒厂参观交流，整个过程非常顺利。这个同行案例就是笔者和销售事先设计好的，是能超越竞争对手、引起客户兴趣的"强力瞬间"。

强力瞬间不宜过多，整场交流不宜超过三个。比如开场的时候可以有一个小高潮，中间讲产品和案例的时候设计一个重磅的强力瞬间，最后结尾的时候可以再来一个小高潮。

顺便说一句，一个好的结尾非常重要。笔者见过 90% 的 PPT 的最后一页放的都是感谢词或者公司的口号。这样做固然安全，但我们也可以有更好的选择。笔者喜欢在 PPT 的最后放优势点的总结，并且用类似于"一二三四"这样通俗、顺口的语言提炼出来，以加深客户对方案的印象。还有一种结尾的方式，是设计一个"未完待续"的开放式结尾。

6.3 善后：交流结束不是真的结束

这次交流非常充分，客户也很满意。走出客户的会议室，你长出一口气，可以好好地休息一下了。且慢，交流结束不是真正的结束。每一次交流，我们都需要把事情往前推进一步，同时自己也要有所收获。

6.3.1 每次交流都需要把事情往前推进一步

每一次技术交流的目标不仅是交流本身，而且要把事情真实地往前推进一步。在交流快结束的时候，可以这样问客户："领导，您看如果我们把刚才您讲的那几点要求落实，下一步需要我们怎么配合您的工作，共同推进呢？"这时候，客户方的领导可能会布置一些任务，比如准备下周给更高级别的领导汇报，或者根据今天的沟通结论，提交一份更加有针对性的方案，等等。客户方领导说的话不仅仅是给我们听的，同时也是说给他的下属听的，也是在给下属部署工作，要求他们配合我们做好下一步的工作。

这个时候，其实我们进一步深入沟通的机会就来了。我们可以趁机提出进一步的要求："领导，您要求的更有针对性的解决方案，我们下去一定落实。不过，今天我们聊的贵司的业务，只是一些大的方向，对于各部门的需求、信息系统现状、数据、网络的现状等，我们还有一些细节需要和你们确认，能否请领导安排一个简单的、一到两天的业务需求调研，让我们有机会学习和了解贵司的业务，这样下次我们汇报的方案一定会更加有针对性，贴合贵司的实际业务需求。"

如果领导愿意把这件事情交代给下属，让下属配合我们完成这次调研，那么我们的目的就达到了：既完成了此次技术交流，同时又铺垫好了下一步工作。

6.3.2　拜访后及时反馈

及时反馈有两种方式，一是通过电子邮件，二是通过电话回访。

在交流的会场上，你可以这样说："领导，接下来我马上整理一份会议纪要，您看是不是发到您名片上的这个邮箱里？"客户同意后，回去后马上整理一份会议纪要，给客户发一封电子邮件，就这次拜访的主要过程和结论做一个确认。最重要的是，通过电子邮件确认双方下一步的动作。

也可以通过电话回访，例如："李总，上周五向您汇报了我们的技术方案，针对您在会议上提的需求和问题，回去后我专门进行了一次梳理，做了详细的解答，昨天晚上我已经整理成邮件发给您了。还想再和您确认下，您看看有没有什么遗漏的地方。如果有需要我这边做的，请您不要客气。"

如果客户方领导特别交代某件事情，在完成这件事情的重要节点上，要向客户及时反馈。一方面是为了让客户放心，自己是在努力做这件事情的；另一方面，及时和客户确认也是避免因自己理解偏差而在过程中走了弯路，最后给出的结果不是客户想要的。

如果客户要求提交调研提纲，应尽量提前一天晚上给到客户，这能体现我们的积极和专业。

6.3.3 复盘是进步的阶梯

每次重要的交流结束后，我们都应该进行一次复盘。这不仅是笔者对自己的要求，也是对团队每个售前的要求。一次复盘可能只需要几分钟到半小时不等，但意义重大，不要省下这个环节。复盘的目的如下：

- 客观地评估此次交流是否达到了预期的目标。
- 梳理清楚客户现阶段真实的需求，现场客户的一些弦外之音，可能需要回来后仔细琢磨才能领会。
- 找出此次拜访中做得好的地方及需要改进的地方，提升自己今后的表现。
- 信息共享。销售、售前、领导及其他需要配合的部门之间共享信息，这样即使下次你因临时有事去不了，公司安排别的售前，他看了你的复盘文档也能快速了解客户的现状，知道自己应该做什么。
- 让事情运行在正确的轨道上。提升对项目推进过程的把控度，提升自己的信心。

复盘需要输出，典型的拜访输出纪要包含如下内容：填报时间、交流时间、交流地点、客户名称、客户概况、客户方参加人员、客户方关键人、我方参加人员、此次拜访主要任务、主要竞争对手、客户的主要需求、客户的次要需求、沟通过程概述、使用的沟通材料、客户关心和提出的问题、对标公司此前做过的哪个项目（与之前的哪个项目类似，项目运作过程中有哪些好的地方可以借鉴，哪些错误需要避免）、做得好的地方（哪些地方做得比较好，取得了不错的效果）、需要改进的地方（哪些地方没有做好，下次要改进）、下次拜访的策略

（下次重点讲什么，材料如何调整，是否需要带研发专家过去，客户可能会问什么问题）。

在复盘中，我们可能会发现一些过程中的失误。在成长的过程中，犯点小错误有时并不完全是一件坏事，尤其是刚开始做售前的阶段，重要的是你能通过复盘取得进步，让下次比这次做得更好一点。

6.4 本章小结

作为售前，我们不是正在交流，就是在准备交流的过程中。与客户交流，可能是我们做得最多的工作了。

我们需要按照准备一场演讲的心态来准备技术交流，包括内容、情报工作、仪容仪表、心态、客户提问的应对等各个环节。认真地准备，你就成功了一半。

在客户现场，我们需要控制住场面，及时应对各种突发情况。

交流结束后，我们需要内部复盘，以不断提升自己的水平，改善沟通效果，同时还需要及时地给客户反馈，确认交流的内容，并推动下一次双方的沟通。

第 7 章
如何顺利地通过 PoC

PoC（Proof of Concept，概念验证）与产品演示是两件不同的事情。产品演示是以演示产品的功能为主，突出的是产品。而 PoC 通常是企业进行产品选型时或开展外部实施项目前，进行的一种产品或供应商能力验证工作。PoC 突出的是验证。既然是验证，那么就先得有一个验证的对象和范围，也就是 PoC 的需求。当然，产品演示也可以看作 PoC 的一种，是 PoC 中难度较小的一类。但我们作为售前，还是要分清楚大多数时候这是两件不同的事情，通常来说，PoC 的难度和范围都要大一些。

要顺利通过 PoC，售前首先需要问自己"客户为什么要做这个演示"，而不是"我要在这个演示中做什么"。也就是说，演示成功的关键是准确地理解客户的需求和出发点。在这个基础上，售前协调公司内部的资源，在规定的时间内完成 PoC 工作，达到客户的期望，并有策略地向客户进行汇报，提交 PoC 报告。

7.1 什么情况下需要 PoC

PoC 不是销售和售前两个人能搞定的事情，需要调用企业后台的研发、实施团队的资源，成本通常比较高，也正因如此，有些厂商对于客户的 PoC 要求并非有求必应，而是要根据几个关键因素来做出决定。

- 客情关系：客户方是谁提出来的 PoC 要求；这次做 PoC，我们是不是主角。
- 产品竞争力：我们的产品和竞争对手相比是否有优势。
- PoC 范围和难度：是否占用过多的资源、花费过多的成本，毕竟市场上并不只有这一个客户，企业同时还要服务好其他很多客户，要考虑资源的合理分配。

在 PoC 环节中，客户方中具体使用系统的工程师话语权较高，PoC 结束后，一般由他们直接撰写 PoC 报告，给出评估结论。因此，他们对 PoC 的结果起到关键作用。

大多数情况下，甲方在项目中对于供应商都有多种选择，甲方负责人向圈定的软件服务商发出正式 PoC 邀请，通过 PoC 对供应商进行进一步筛选。因此，在 PoC 过程中，我们也会面临其他厂商的竞争。

对于参与的厂商来说，PoC 有三个挑战：投入的成本较大、结果不可控、面临强劲的竞争对手。

出于这些原因，厂商往往不愿意做 PoC，除非这次 PoC 对我们非常有利，可以展示我们领先的实力，那就可以主动建议客户发起。比如，发现这次项目客户的需求和我们的产品非常匹配，我们很有信心，并且竞争对手比我们差一大截，那么就可以主动邀请客户，给他们做一次演示，以占得先机。

总而言之，无论是被动还是主动参与，现在的客户往往不会仅仅满足于 PPT 传递的信息，因此厂商面临的 PoC 挑战会越来越多，很多时候不得不应战。如何抉择，并在决定投入后管控好 PoC 过程，获得好的结果，就成为不得不面对、不得不做好的一件事情。

PoC 既是我们的机会——客户愿意更深入地了解我们的产品，同时也是一个巨大的挑战——失败的后果我们很难承担。

搞清楚客户方的干系人里是谁提出 PoC 的要求的，通常来说，提出要求的人有最强烈的了解产品的意愿。他不会想了解产品里的每一个功能，最好搞清楚他最关心我们产品里的哪些功能和特性。如果是公司的高层领导，就要按照业务角度去讲，在展示自家产品、阐述自身观点的同时，要说明我们的方案能够帮助企业达到什么样的预期效果和解决什么样的问题等。如果是技术人员，他们可能更关心的是产品的技术架构、功能、实现的机制及产品的性能等。所以在过程中明确受众群体是至关重要的。

只有弄清楚客户当中谁最关心 PoC，我们才能有的放矢，在过程中突出客户关心的内容，给客户留下深刻的印象。

7.2　一个典型的 PoC 场景

在 IT 售前中，PoC 的形式通常是客户提出一个真实的场景需求，提供相关的数据，邀请厂商在规定的时间内使用这些数据，实现真实的场景需求，并在过程中验证产品的功能、性能等。

下面是一个典型的 PoC 例子。

在一个钢铁企业数据中台项目中，客户始终对几家厂商的产品和实施能力不放心，于是提出了 PoC 的要求。客户提供了企业部分真实的业务数据，包含离线数据和实时数据，有结构化的、半结构化的和非结构化的，要求在七天内实现数据的接入、开发、算法模型、数据服务，并实现两个应用场景：根据电商网站上的历史交易信息评估该企业客户的诚信值，未来三到七天的钢铁价格预测。

从这个例子可以看出，IT 项目 PoC 的三个特征是：给定范围的资源（如软硬件和网络环境、用户给的企业业务数据）、给定范围的时间（本项目中为 7 天）和明确的实现目标（两个应用场景）。

7.3 PoC 的流程

PoC 大致可以分为沟通需求、设计 PoC 方案、准备环境、功能开发、现场演示、总结报告 6 个步骤。下面分别对各个步骤的工作内容和需要注意的点做一个说明。

1. 沟通需求

厂商需要先和客户沟通清楚此次 PoC 的具体需求，搞清楚客户提出 PoC 的出发点是什么，客户最关心什么，做到什么程度才能达到客户的预期，并和客户确认 PoC 的范围。

沟通完需求后，最好用会议、邮件等正式的方式和客户确认，以免 PoC 完成后出现与客户的期望南辕北辙的情况。

2. 设计 PoC 方案

和客户确认好 PoC 需求后，售前需要设计一份 PoC 方案，主要包含 PoC 需求描述、PoC 中甲乙双方的工作职责、PoC 实施流程、PoC 功能测试用例、PoC 场景测试用例等内容。PoC 方案编写好后，同样需要和客户确认。

3. 准备环境

客户一般都会要求将系统部署在本地，使用的服务器、网络、安全设备等资源皆由客户提供，我们只需要提供软件能力。在开发之前，我们需要提前与企业约定好资源的类型、数量和标准。例如，服务器的操作系统版本、CPU 核数、内存和硬盘容量等要求需要提前 1～2 周发给客户，以确认客户是否能按照要求将环境和资源准备好。

客户往往需要一定的资源申领周期，因为中间的任何一次资源要求变更，都需要消耗好几天的时间，所以，前期必须考虑充分，并留够充足的时间，甚至设计好替代方案。

4. 功能开发

准备好环境之后，就要根据与客户确认好的 PoC 需求，协调公司后台的技术力量，进行验证性开发。PoC 不像正式项目里的软件开发，由于时间非常有限，因此技术人员的开发强度通常很高，同时返工的成本也很高。

PoC 开发完成后，需要进行多轮测试，以确保现场演示过程不会出错。

5. 现场演示

如果上面的步骤都进展顺利，演示就是水到渠成的事情。如果售前对于系统的操作还比较生疏，可以请公司后台的技术人员出面完成演示，售前在旁边做好说明。

笔者把现场演示的经验总结成四句话：提前写脚本、故事串起来、逻辑要清晰、功能全覆盖。

（1）提前写脚本

脚本就好像演员的台词。脚本本质上是一种清单思维，不能保证你得 100 分，但是能保证你至少得 80 分，因为按照脚本走下去，至少不会有遗漏。同时，有了脚本，即便现场出现意外情况，我们也能够迅速地回到主线上。

（2）故事串起来

用客户的业务场景把整个演示流程串起来，最好能使用真实的或者模拟的业务数据，结合客户实际的业务场景，形成一个故事。

在演示的过程中，如果我们有一些很好的案例，也可以通过视频、截图、数据等方式进行说明，以进一步增强客户对我们产品的信心。

（3）逻辑要清晰

演示要逻辑清晰、条理清楚。

首先用几句话阐述此次演示的目的和包含的主要内容。然后一个点一个点地演示和讲解，一次只讲一个点，尽量不要穿插。每讲到一个点之前要提醒听众，两个点之间最好有一句过渡的语言。最后，全部点都讲完了，要用几句话进行总结。

（4）功能全覆盖

PoC 需求中的每个点都要演示。其实招投标中的现场演示也是一类特殊的 PoC，如果你演示的是投标的得分项，那一定要确保演示到了每一个你想要拿分的点。

6. 总结报告

PoC 完成后，客户的工程师和项目经理会记录过程和结果，形成 PoC 报告。PoC 报告提交给相关负责人，作为决策的依据。在这个过程中，我们要及时和客户沟通，请客户指出做得好的地方和需要改进的地方，及时了解还有哪些需求客户认为还没有得到满足，或者客户还有哪些疑虑点。这些沟通工作一定程度上也会影响 PoC 报告的结果。

客户内部要写报告，我们自己也要形成一份完整的总结报告，及时地发送给客户，并发送给公司领导和销售等，以推动下一步的工作。

作为一名不断追求进步的售前，需要总结每次 PoC 中的得失，即使客户没有指出来，也要清楚哪些地方做得还不够，中间出现了哪些失误。每次 PoC 都是一次很好的学习机会。

7. 其他需要注意的细节

一般 PoC 之后，客户会要求厂商将演示的系统保留在客户自己的平台上，供客户继续试用。这时候可以和客户商议，给此版本的使用许可（License）设定一个期限，如三个月，同时对代码进行防破解的安全性加密，避免给厂商造成经济损失。

在系统移交给客户试用之前，需准备完整的操作手册，方便客户参考操作步骤，准确、高效地运行系统。

7.4 如何保障 PoC 的质量

PoC 虽然像是一个小型的临时性项目，但是要做好 PoC，我们要关注的点除了事情本身，还要注重平时的积累，拥有调配公司资源的能力，以及保持与客户的良好沟通。只有做到这几点，PoC 才有可能成功。

1. 平时的积累非常重要

在不做 PoC 的时候，我们要注意平时的积累，做好以下两件事情。

第一，作为售前，要推动公司尽早地搭建一套完整的、可移植的 PoC 环境，这里有两个关键词：完整、可移植。完整指的是这个 PoC 环境里，要有产品的所有功能，要有完整的数据。可移植指的是这个环境可以快速地移植、部署到不同的服务器上，比如客户提供的服务器。这就需要用到容器等技术。

第二，要注重 PoC 的可复用性。厂商要面对形形色色的客户，PoC 可能已经做过多次了，这些 PoC 中一定有很多共性的需求，既然我们已经满足过这些需求了，下次再遇到同样的需求就没必要从头开发了。这就需要我们平时每做完一次 PoC，都把相关的代码积累下来，封装成一个可复用的模块，留作他用。

作为售前，我们最清楚 PoC 的重要性和挑战，要推动公司内部建立相关的知识库，这同时也是在帮我们自己。当我们面对一个新的 PoC 需求时，不妨先从知识库里找找现成的解决方案。

2. 集结一切可用的力量

在前文谈到售前的能力模型时，笔者强调了售前必须具有很强的资源整合能力。PoC 过程就是最考验售前这项能力的时候。

售前必须是 PoC 的总指挥、总协调人。因为售前负责前期和客户交流，最熟悉客户的需求和做事的习惯。在客户眼里，售前也是代表公司的技术实力的人。同时，相对来说，售前比公司后台的研发和测试人员的沟通能力更强。

如果售前自己的技术能力非常好，能够一个人搞定所有的事情，那肯定是最理想的，但是大部分售前通常没有那么深入地了解产品底层的知识，在 PoC 中难免会求助于人，比如请产品研发、实施部门、测试部门的同事帮忙搭建环境，完成开发和测试。总之，在 PoC 过程中，需要集结公司内外部一切可用的力量，才有可能完成一次成功的 PoC。

3. 沟通和技术同样重要

PoC 的目标是向客户证明我方的技术实力，所以，PoC 不是自己埋头做完，给客户看一遍就够了，从需求确认到最后的演示和汇报，无不体现出沟通的重要性。可以说，在 PoC 中，沟通和技术同样重要。

通过沟通，我们才能确认用户的真实需求和 PoC 的边界。

通过沟通，我们才能知道开发过程中有没有跑偏。

通过沟通，我们才能顺利完成最后的汇报。

7.5 本章小结

"是骡子是马，拉出来遛遛。"客户没见到你的产品实际跑起来之前，恐怕不会放心。

PoC 既是一门技术活，也十分考验售前的协调能力和沟通能力。在 PoC 之前，我们必须树立明确的目标感：做给谁看？给他看什么？如何回答客户可能会问的问题？

尽管如此，大部分厂商还是不想做 PoC，流程复杂，投入资源大，风险又高，但是有时候又不得不做，不做就没有办法参与客户的招投标。

PoC 是一个复杂的技术活，那么就需要协调公司内部精干的技术力量参与进来，帮我们把 PoC 流程完成。作为售前，我们平时要加强与客户的沟通，确保方向不会偏离客户的期望，但最重要的还是公司能提供过硬的产品，以及技术人员有过硬的技术实力，这才是 PoC 成功的基础。

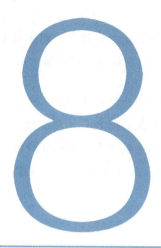

| 第 8 章

正面较量：招投标

　　终于，客户通知你说欢迎参与此次项目投标。接到客户的通知后，我们会感到既欣慰，又紧张。欣慰是因为这说明我们之前的所有努力都没有白费，客户对我们是认可的，否则不会邀请我们参与投标；紧张是因为一场恶战已经拉开帷幕，与它相比，前面所有的动作都像是序曲。接下来我们要打起精神，投入到这场艰苦的战斗中，尽全力争取获胜，否则整个过程我们的付出都会白费。这个时刻，是真正的黎明前的黑暗，能否见到充满希望的朝阳，就看这一仗了。

8.1　认识招投标

　　招投标中有许多专业知识。不熟悉这些，就很容易功亏一篑，倒在黎明前。这一节主要讲解招投标领域的一些专业知识。

8.1.1　招投标基本概念

　　目前在 IT 服务市场，无论是企业赛道还是政府赛道，招投标都是应用非常广泛的交易形式，这种采购模式符合市场经济的规律和要求，可以在节约成本的同时，减少腐败现象。因此，我们有必要先熟悉一些招投标相关的知识。

根据百度百科的解释，招标是指招标人（买方）事先发出招标通告或招标单，提出品种、数量、技术要求和有关的交易条件，并在规定的时间、地点，邀请投标人（卖方）参加投标的行为。

招标工作的组织方式有两种，一种是业主自行组织，另一种是招标代理机构组织。业主具有编制招标文件和组织评标能力的，可以自行办理招标事宜。不具备的，招标人有权自行选择招标代理机构，委托其办理招标事宜。招标代理机构是依法设立从事招标代理业务并提供服务的社会中介组织。在 IT 行业，我们见到更多的是招标代理机构组织的招标活动。

投标是指投标人（卖方）应招标人的邀请，根据招标通告或招标单所规定的条件，在规定的期限内，向招标人递送投标文件的行为。

投标的基本做法是，投标人首先取得招标文件，认真分析研究后，编制投标书，在规定的时间地点，按照要求完成投标动作。投标书内容必须十分明确，中标后与招标人签订合同所要包含的重要内容应全部列入，并在有效期内不得撤回标书、变更标书报价或对标书内容进行实质性修改。为防止投标人在投标后撤标或在中标后拒不签订合同，招标人通常要求投标人提供一定比例或金额的投标保证金。招标人决定中标人后，未中标的投标人已缴纳的保证金予以退还。

招标和投标是一种商品交易的行为，是交易过程的两个方面。招投标是一种国际惯例，是商品经济高度发展的产物，是应用技术、经济的方法和市场经济的竞争机制，有组织地开展的一种择优成交的方式。其实质是以较低的价格获得最优的货物、工程和服务。

在我国，招投标的法律依据主要是《中华人民共和国招标投标法》，该法律是为了规范招投标活动，保护国家利益、社会公共利益和招投标活动当事人的合法权益，提高经济效益，保证项目质量制定的法律。

前面介绍了招投标的一些基本概念。这些都是正式的、书面的说法，回到生意的逻辑。投标的本质是在遵循现行规则框架的前提下，突出自身的优势，形成差异性的竞争态势。

但问题来了，一份投标文件少则几百页，多则上千页，专家评委不可能在极短的时间内把所有的内容都看完。我们如何在厚厚的投标文件里突出自身的优势，拿到高分呢？摸准评委最关心的几个点，并且在投标文件中把它们重点传递出来，主动地引导评委关注到，就是一个售前必备的硬核能力。这就像是我们参加一场考试，面对一道难题，我们要摸准出题人究竟想考我们什么，然后按照出题人的意思漂亮地完成答卷。不妨换位思考一下，如果我们自己是评委，投标人要怎样做才能一眼就看到别人想要传递给我们的重点？

总结一下，投标的本质是一场考试，目标是拿到最高分。

8.1.2　招标的分类

招标大致有几种类型：公开招标、邀请招标、议标、单一来源采购。

1. 公开招标

公开招标是指招标人以招标公告的方式邀请不特定的法人或者其他组织投标。公开招标，又叫竞争性招标，是一种由招标人在报刊、电子网络或其他媒体上刊登招标公告，吸引众多企业单位参加投标竞争，招标人从中择优选择中标单位的招标方式。按照竞争程度，公开招标可分为国际竞争性招标和国内竞争性招标。

公开招标的法律要素有：招标人是以招标公告的方式邀请投标；邀请的投标对象是不特定的法人和其他组织。

公开招标是IT行业常见的一种招标形式。

2. 邀请招标

邀请招标是指招标人以投标邀请的方式邀请特定的法人或其他组织投标。

邀请招标，也称为有限竞争招标，是一种由招标人选择若干供应商或承包商，向其发出投标邀请，由被邀请的供应商、承包商投标竞争，从中选定中标者的招标方式。邀请招标的特点如下：

1）邀请投标不使用公开的公告形式，而是以投标邀请书的方式邀请特定的厂商参加。

2）接受邀请的单位才是合格投标人。

3）投标人的数量有限。

为保证投标方式以公开招标为主，并防止、减少招标中的不正当交易和腐败现象的发生，《中华人民共和国招标投标法》第十一条作了限制邀请招标的规定："国务院发展计划部门确定的国家重点项目和省、自治区、直辖市人民政府确定的地方重点项目不适宜公开招标的，经国务院发展计划部门或者省、自治区、直辖市人民政府批准，可以进行邀请招标。"一般不适宜公开招标的项目有：

1）招标采购的技术要求高度复杂或有专门性质，只能由少数单位完成的。

2）招标采购价格低，为提高效益和降低费用。

3）有其他不宜进行公开招标的原因。

邀请招标也是 IT 行业常见的一种招标形式。

3. 议标

国际上常采用的招标方式还有第三种：议标。议标又称为非竞争性招标或指定性招标。这种方式是业主邀请一家，最多不超过两家承包商来直接协商谈判，实际上是一种合同谈判的形式。这种方式适用于工程造价较低、工期紧、专业性强或军事保密的工程。其优点是可以节省时间，容易达成协议，迅速展开工作，缺点是无法获得有竞争力的报价。

议标需要充分的理由。我国主要采用的招标方式是公开招标、邀请招标两种方式，无特殊情况，应尽量避免议标方式。在 IT 行业，议标的方式也不常见。

4. 单一来源采购

单一来源采购也称直接采购,是采购人向唯一供应商进行采购的方式。在某些特殊条件下,买方可能也会采用单一来源采购,直接和唯一供应商进行价格谈判,完成采购过程。该方式适用于达到了限购标准和公开招标数额标准,但所购商品的来源渠道单一,或属专利、首次制造、合同追加、原有采购项目的后续扩充和发生了不可预见的紧急情况不能从其他供应商处采购等情况。该采购方式的最主要特点是没有竞争性。

由于单一来源采购只与唯一的供应商、承包商或服务提供者签订合同,所以就竞争态势而言,采购方处于不利的地位,有可能增加采购成本,并且在谈判过程中容易滋生索贿受贿现象,所以对这种采购方式有严格的适用条件。一般而言,采用这种方式都是出于采购的时效性或者只能从唯一的供应商或承包商处取得货物、工程或服务的客观性。

《中华人民共和国政府采购法》第39条对单一来源采购方式的程序作了规定,即采取单一来源采购方式采购的,采购人与供应商应当遵循采购法规定的原则,在保证采购项目质量和双方商定合理价格的基础上进行采购。

同样,采用单一来源采购方式,需要非常充足的理由。

8.1.3 废标与无效投标

我们经常听到"废标"这个词,有些读者把废标等同于无效投标,其实这二者是有明显区别的。

废标是指采购中出现报名参加或实质性响应的供应商不足三家、存在影响采购公正的违法违规行为、投标报价均超过预算、因重大变故采购任务取消的情形时,招标采购单位做出来的全部投标无效的处理。招标项目废标后,采购人应当将废标原因及时通知所有的投标人。

废标与无效投标的区别是,废标是指整个招标活动无效,当时的招标、开标、评标工作不得再继续,应予废标,即便确定了中标人,中标也无效;而无效投标则是指某一投标人的投标文件经评委初审认定为无效，将失去参加被评审的资格，在这次投标活动中该投标人失去中标的可能。因此，无效投标针对的是某一投标供应商，涉及的对象是投标个体而非整个投标活动。

废标与无效投标虽然有上述区别，但对于乙方来说，导致的结果却是类似的，就是失去本次投标资格。这种后果是谁都不愿意看到的，即便是招标方，往往也不愿意看到废标和无效投标。因为这往往意味着重新再来一次，而招投标的整个过程是很烦琐的。

常见的废标和无效投标原因有哪些呢？笔者总结了一下，大致有以下几种：

- 没有提前按照招标要求支付投标保证金。
- 没有按照招标文件要求的时间在指定的开标地点提交标书。
- 没有按照招标文件的要求密封标书。
- 投标时提交的投标人名称与资格预审时的名称不一致。
- 投标文件上没有单位盖章，无法人或法人代表授权签字或盖章。
- 投标人缺乏身份证明文件，如未携带身份证、没有法人授权函等。
- 投标文件不符合招标文件要求的格式，缺乏关键信息，如资质证明文件等。
- 在同一份投标文件里有多份不同的报价，且没有申明哪一个是有效报价。
- 如果是联合体投标，缺乏联合体各方共同投标协议。

如果是自身的原因导致了废标或无效投标，可以称得上是重大事故了，一般公司都会有相应的追责制度。

8.1.4 认识电子招投标

电子招投标是以计算机网络传送电子投标文件形式完成的招投标活动。通俗地说，电子招投标就是部分或者全部抛弃纸质文件，借助计算机和网络完成的招投标活动。电子招投标不但减轻了企业的负担，同时也促使了招投标的过程更加公正，大大减少了串标等作弊的可能。

针对电子招投标，国家发展和改革委员会、工业和信息化部、监察部、住房和城乡建设部、交通运输部、水利部、商务部等联合制定了《电子招标投标办法》及其附件《招标投标系统技术规范》。

电子招投标依托于电子招投标系统来保障运行。电子招投标系统提供了电子标书、数字证书加解密、计算机辅助开 / 评标等技术，全面实现了资格标、技术标、商务标的电子化和计算机辅助评标，支持电子签到、流标处理和中标锁定，支持电子评标报告和招投标数字档案，极大地提高了招投标的效率，节省了招投标的成本。电子招投标可支持的类型包括工程、货物、服务类招投标。

相较于传统的招投标方式，电子招投标有独特的优势。电子招投标系统除了能够实现专家在线抽取、在线签到、浏览投标文件、在线评审、系统自动汇总分数、自动生成评标报告外，还可以实现"得分点定位"和"N 对 1 询标"功能。在线评标时，系统自动打开当前供应商的投标文件，可以快速定位到评审点相关的位置，同屏查看多家供应商的投标文件，同屏对比评审，使得专家评审工作更加精准、便捷。此外，专家还可以就具体事项与单一供应商进行远程在线询标、答疑。同时，该系统还能够满足在线询价、谈判磋商、多轮报价等更多使用场景。该系统对各环节全程留痕，所有资料自动归档、全程追溯，做到动态监控、实时预警、智能辅助、全程记录，并自动审查废标、串标、围标等。

在电子招投标的过程中，厂商要避免废标、无效投标，以及被误判为围标、串标。首先，必须要了解电子招投标相对于传统招投标的两个特性。

特性 1：互联网传输。电子标是通过互联网传输的，所以它会采集投标人的所有痕迹，比如投标人的上传 IP 地址、上传区域、电脑硬盘序列号、设备型号，甚至使用软件的序列号等。

特性 2：智能辅助。电子标对标书内容审查比过去人为审标更全面和严格，系统能够匹配全部标书的雷同处及错误处，标书在内容上废标率会提高。

根据以上两个特性，投标厂商可以通过参考各地发布的电子标废标、雷同认定方案进行自我检查。

下面以《XX省关于施工招标项目电子投标文件雷同认定与处理的指导意见》为例。

不同投标人的电子投标文件存在下列情形之一，视为电子投标文件雷同：

（一）不同投标人的电子投标文件上传计算机的网卡MAC地址、CPU序列号和硬盘序列号等硬件信息均相同的（开标现场上传电子投标文件的除外），应认定为《中华人民共和国招标投标法实施条例》第四十条第（二）项"不同投标人委托同一单位或者个人办理投标事宜"的情形。

（二）不同投标人的已标价工程量清单XML电子文档记录的计价软件加密锁序列号信息有一条及以上相同，或者记录的硬件信息中存在一条及以上的计算机网卡MAC地址（如有）、CPU序列号和硬盘序列号均相同的（招标控制价的XML格式文件或计价软件版成果文件发布之前的软硬件信息相同的除外），或者不同投标人的电子投标文件（已标价工程量清单XML电子文档除外）编制时的计算机硬件信息中存在一条及以上的计算机网卡MAC地址（如有）、CPU序列号和硬盘序列号均相同的，应认定为《中华人民共和国招标投标法实施条例》第四十条第（一）项"不同投标人的投标文件由同一单位或者个人编制"的情形。

（三）不同投标人的技术文件经电子招投标交易平台查重分析，内容异常一致或者实质性相同的，应认定为《中华人民共和国招标投标法实施条例》第四十条第（四）项"不同投标人的投标文件异常一致"的情形。

不同投标人的电子投标文件存在雷同的，评标委员会应当按照招标文件规定的评标办法和标准否决其投标，招标人应当按照招标文件的规定没收其投标保证金。

下面是《XX市工程建设项目招标投标管理办法》中的相关规定：

第四十七条 有下列情形之一的，视为串通投标行为，评标过程中，经评标委员会集体表决后认定的，可直接作废标处理，并提请有关行政管理部门依法做出处罚：

（一）不同投标人的投标文件内容存在非正常一致的；

（二）不同投标人的投标文件错漏之处一致的；

（三）不同投标人的投标报价或者报价组成异常一致或呈规律性变化的；

（四）不同投标人的投标文件由同一单位或者同一个人编制的；

（五）不同投标人的投标文件载明的项目管理班子成员出现同一人的；

（六）不同投标人的投标文件相互混装的；

（七）不同投标人的投标文件由同一台电脑编制或者同一台附属设备打印的；

（八）不同投标人委托同一人办理投标事宜的或不同投标人与同一投标人联合投标的；

（九）不同投标人使用同一个人或者企业资金缴纳投标保证金或者投标保函的反担保的；

（十）评标委员会认定的其他串通投标情形。

电子招投标的情况越来越常见，作为投标方，我们必须要研究并适应电子招投标的要求，避免被认定为废标、串标、围标，否则不仅我们前期的工作前功尽弃，严重的还会被列入失信单位，企业的正常经营受到影响。

8.1.5　EPC 模式

最近几年，想必读者经常听到 EPC 这个名词。那么，EPC 模式的项目究竟指的是什么呢？

EPC 是 Engineering（设计）、Procurement（采购）、Construction（施工）的首字母缩写，是指供应商受业主委托，按照合同约定对工程建设项目的设计、采购、施工、试运行等实行全过程或若干阶段的承包。通常，供应商在总价合同条件下，负责其所承包工程的质量、安全、费用和进度。EPC 模式被广泛运用于建筑、能源、IT 等行业，是目前中国最重要的总承包模式。

较传统承包模式而言，EPC 模式具有以下三方面基本优势。

第一，强调和充分发挥设计在整个工程建设过程中的主导作用。强调和发挥设计在整个工程建设过程中的主导作用，有利于工程建设整体方案的不断优化。

第二，有效克服设计、采购、施工相互制约和相互脱节的矛盾，有利于设计、采购、施工各阶段工作的合理衔接，有效地实现建设项目的进度、成本和质量控制符合建设工程承包合同约定，确保获得较好的投资效益。

第三，建设工程质量责任主体明确，有利于追究工程质量责任和确定工程质量责任的承担人。

在 EPC 模式下，总承包商对整个建设工程负责，但并不意味着总承包商必须亲自完成整个建设工程。除法律明确规定应当由总承包商完成的工作外，其余工作总承包商可以采取专业分包的方式进行。在实践中，总承包商往往会根据其丰富的项目管理经验及工程项目的不同规模、类型和业主要求，将设备采购（制造）、施工及安装等工作采用分包的形式分包给专业分包商。

与传统的项目不同，EPC 模式下，对投标方也有更高的要求，首先是资质的要求，如果招标方规定不能联合体投标的话，一个公司要同时满足设计、采购、施工的资质，门槛还是非常高的。不过笔者经历的大部分 EPC 项目是允许联合体投标的。在投标文件的技术解决方案中，要涵盖设计、采购、施工的全部内容；在商务解决方案中，要进行成本分析和标高金分析；在管理解决方案中，要涵盖计划、组织、协调控制、分包、经验说明等内容。

8.1.6 了解招投标中的不规范行为

在招投标过程中，我们可能会遇到一些不规范甚至违法的行为，最常见的就是控标、串标、围标、恶意低价冲标等。

控标就是控制招标，即通过一些手段，比如在招标参数或评分标准中做文章，让招标过程向着对某一方有利的方向发展，最终使得这一方能够中标。比如，从投标资格上设定限制，如设定必须具备某项特殊资质或必须具备某类特殊案例，才可以参与投标。也可能从技术要求上设定限制，如必须具备某特殊功能或必须达到某个性能值以上。控标的目的是排挤或削弱其他投标方，增强某一家特定投标方的中标概率。控标通常是由招标方伙同某一家或某几家投标方共同操作的。

串标是指几家投标方相互串通投标报价，即投标人在投标过程中串通一气，商量好采取抬高标价或者压低标价等行为，既包括两方串通，又包括多方串通。

围标是指在甲方不知道的情况下，想中标的供应商联合其他供应商，以商量好的策略一起参与甲方项目的投标活动，是一种通过不正当竞争来排挤其他投标人以牟取利益的方式。围标一般有两种操作方式：一种是请其他厂商来陪跑，确保自己中标，也就是所谓的"陪标"；另一种是控制多家公司参与竞争，甚至所有参与投标的公司都是由自己控制的，最终无论哪家公司中标，实际上都是同一家公司的。

恶意低价冲标比较容易理解，就是在投标中以远低于市场平均成本价的投标价格，进行恶意竞争。恶意低价冲标不但会扰乱市场，而且会造成产品质量低下和履约中的各种问题，严重伤及项目的质量，最终伤害客户的利益。

近年来，为了解决招投标过程中的一些不规范甚至舞弊现象，国家相继出台了相关的法律法规，可供参考的法律有《中华人民共和国招标投标法》《中华人民共和国政府采购法》，相关的法规有《中华人民共和国招标投标法实施条例》《中华人民共和国政府采购法实施条例》，相关的规章制度有《工程建设项目施工招标投标办法》《工程建设项目货物招标投标办法》《工程建设项目招标投标活动投诉处理办法》《政府采购货物和服务招标投标管理办法》《政府采购质疑和投诉办法》。针对频频出现的恶意低价冲标现象，《政府采购货物和服务招标投标管理办法》（财政部令第87号）的第六十条做出了明确的规定："评标委员会认为投标人的报价明显低于其他通过符合性审查投标人的报价，有可能影响产品质量或者不能诚信履约的，应当要求其在评标现场合理的时间内提供书面说明，必要时提交相关证明材料；投标人不能证明其报价合理性的，评标委员会应当将其作为无效投标处理。"

虽然相关法律法规三令五申禁止招投标过程中的违法违规行为，但总会有人以身试法。

遇到有人控标、围标等情况时，如果我方是被动的一方，需要评估这个项目的战略价值、与客户的长期关系等，做出最利于双方的选择。

在对项目进行充分分析后，我们应该对项目形成大致的判断。在此基础上，根据中标可能性的不同，采取不同的处理方式：

第一种，已确定为内定，我方没有优势的项目。

这类项目往往招标方和供应商已经有了非常明确的合作意向，我们没有必要强行入场。

第二种，有内定可能，但我方比较有优势的项目。

如果分析下来认为我们还是有机会的，就应当对招标文件中的要求进行认真研读，制定投标策略。这时要特别注意，对标书中不合理的条款一定要质疑，尽量减少控标带来的不利影响。对于有优势的方面尽量放大优势，想办法正偏离获得加分。

随着法律法规的完善及电子标的推广等，行业透明化是必然的趋势，我们唯有真正提升自己的优势，才能在激烈的竞标中杀出重围。

8.2 一步不慎，全盘皆输

如果说招投标之前的售前工作，我们还有一定的自由发挥空间，那么参加投标就像是去参加一场考试，最重要的不是展现我们的创造力，而是要摸准出题人的心思，有针对性地应答，拿一个高分。因此，参与投标过程，最要紧的是"严谨"二字。

笔者曾经亲自参与过大大小小数十次投标，也见识过同事、同行的投标操作，见过好几次"一步不慎，全盘皆输"的情形。

比如一次电子投标，两家的标书从同一个 IP 地址或者相邻的 IP 地址发出。这种情况属于废标，并且影响深远，很可能被拉入黑名单，再也无法获得该单位的投标资格。又如，法人签字和授权人签字笔迹太像了，这种情况也属于废标。

还有一次，虽然没有废标，但是很惊险。我们准备的标书里的页码格式和招标文件要求的页码格式不符。这种事情一般招标文件不会规定得那么死，这么细微的地方一般人也不会注意到，可偏偏那天有一位评委就注意到了，还好最后没有认定为无效投标，只是扣了 0.5 分，最后也顺利中标了。但这件事在公司内部是被当成一个重大事故来警示大家的。

再说一个例子。几年前，笔者参与国内一家著名家电企业的某大数据项目投标，招标文件上写的开标地点是这家企业的商务中心七楼，投标时间是下午两点。我们一点就赶到了，竞争对手还没到。我和销售感慨了一番对方的不专业，然后在一楼大厅里悠哉地坐着。突然，销售的电话响了。我看见他说了两句话之后，脸色一下子变得煞白。原来客户有两个商务中心，一老一新，相距约 3 公里，投标地点是在新商务中心，而此前我们和客户在售前阶段的所有交流都在我们所处的这家老商务中心，也因此我们默认开标地点也在这家老商务中心里。事不宜迟，我们马上打车前往新商务中心，终于赶在截止时间前一分钟递上了标书。这次投标的过程给笔者留下了深刻的印象，此后再参加投标，笔者一定会事先确认清楚地点。

在招投标阶段中，如果因为自己的不慎重导致废标或无效投标，不仅会给自己，也会给客户带来损害，影响客户对我们的信心。所以在这个过程中，无论如何强调慎重、周密，都是不过分的。

8.3 招投标流程

无论是政府采购还是工程施工招投标，投标方一般会经历以下环节：

1）内部成立投标虚拟组织；

2）参加资格预审；

3）购买招标文件；

4）分析招标文件；

5）质疑（可选）；

6）准备投标文件；

7）投标；

8）开标；

9）如果中标，接受中标通知书；

10）公示；

11）签订合同。

以上流程中的第 8 步，现场开标和电子开标的程序会有一些差异。

电子开标是通过互联网以及连接的交易平台，在线完成电子投标文件的拆封、解密，展示唱标内容并形成开标记录的工作程序。开标场所依托互联网的交易平台虚拟空间，不受物理空间限制。开标时间应当严格按照招标文件约定，在投标截止时间进行。电子开标要求所有投标人准时参加开标并解密投标文件。《电子招标投标办法》要求投标人准时登录交易平台在线参加开标。实践中，主要采用投标人自行加密和解密电子投标文件的方式。投标人如果不在线参加开标并进行解密操作，任何其他单位和个人都不能解密投标文件。电子开标时，需要所有投标人在线签到并电子签名确认开标记录。

电子开标基本流程如下。

1）招标人或招标代理机构在交易平台指定开标主持人。主持人只能根据交易平台事先设定的流程和权限操作电子开标。

2）参加电子开标的投标人通过互联网在线签到。

3）开标时间到达，交易平台按照事先设定的开标功能，自动提取投标文件。

4）交易平台自动检测投标文件数量。当投标文件少于 3 个时，系统会进行提示。主持人根据实际情况和相关规定，决定继续开标或终止开标。

5）主持人按招标文件规定的解密方式发出指令，要求招标人和（或）投标人准时并在约定时间内同步完成在线解密。

6）开标解密完成后，交易平台向投标人展示已解密投标文件开标记录信息。

7）投标人对开标过程有异议的，可通过交易平台即时提出。

8）交易平台生成开标记录，参加开标的投标人在线电子签名确认。

9）开标记录经电子签名确认后，向各投标人公布。

下面站在售前的角度，对投标方的一些重要工作环节进行说明。

8.3.1 成立投标虚拟组织

经过前期与客户的沟通交流，我们基本可以判断这个项目是否值得参与投标，如果公司领导觉得该项目值得去投，第一步就是成立投标虚拟组织，来推动整个投标过程。

投标虚拟组织可以叫作"某项目投标工作组"或"某项目投标小组"，这个组织需要一个领头人，他负责协调公司内外部资源，把大家组织起来并分配任务，并有权做出最终决策，是投标的总负责人。如果是战略性项目，可以由公司领导如某位副总或者市场部门的某位领导来担任。如果是一般性的项目，可以由销售或者售前来担任。组织内应该包含这个客户的销售、售前、为项目预备的PM、公司的商务、法务，必要的时候还可加上公司的研发主管、实施交付主管帮助一起参与标书制作。

投标工作组是一个临时的虚拟组织，在公司决定参与投标时成立，负责标书的准备和投标工作，在投标结果公示后，该虚拟组织完成了任务，就可以解散了。由此可以看出，其运作方式与项目类似。

投标工作组中的每个人都应该有明确的职责，原则是：谁负责这件事，就要负责到底。比如售前负责技术标书，那么他就必须要负责到投标结束，如果标书的技术部分出了问题就应该找他，由他承担这方面的责任。之前我们公司有一位售前，技术功底还不错，和客户的沟通交流也还行，但是欠缺责任心，每次到投标的关键阶段，自己负责的部分粗心大意，也不愿意兜底。他出了两次问题，一次是半路撂挑子，让别人半路接手他负责的部分，另一次是出现重大失误，导致必中的标没中。这种缺乏责任心的人是不适合做售前的。

8.3.2 资格预审

为了保证潜在投标人能够公平获得公开招标项目的投标竞争机会，并确保投标人满足招标项目的资格条件，避免招标人和投标人的资源浪费，防范合同风险，法律规定招标人可以对潜在投标人的资格进行审查。招标人在购买招标文件前进行的审查称为资格预审。

资格预审能够精简实际参加投标的供应商数量，降低评标的难度，减少评标工作量，降低招投标成本，同时可以有效遏制假借资质等行为，避免履约能力不佳的企业中标，降低履约风险。

资格预审包括以下环节：

1）编制资格预审文件。资格预审文件是告知申请人资格预审条件、标准和方法，是对申请人的经营资格、履约能力进行评审，是确定通过资格预审申请人的依据。

2）发布资格预审公告。资格预审公告包括招标条件、项目概况与招标范围、申请人资格要求、资格预审方法、资格预审文件的获取、资格预审申请文件的提交、发布公告的媒介、招标人的联系方式等内容。

3）发售资格预审文件。《中华人民共和国招标投标法实施条例》第十六条规定：招标人应当按照资格预审公告、招标公告或者投标邀请书规定的时间、地点发售资格预审文件或者招标文件。资格预审文件或者招标文件的发售期不得少于5日。

4）资格预审文件的澄清和修改。要明确申请人提出澄清的时间、澄清问题的表达形式，招标人的回复时间和回复方式，以及申请人对收到答复的确认时间及方式。

5）接受资格预审申请文件。招标人一般在这个环节明确资格预审申请文件应按统一的规定要求进行密封和标识，并在规定的时间和地点提交。对于没有在规定地点、截止时间前提交的申请文件，应拒绝接收。

6）组织资格审查。国有资金控股或占主导地位的必须进行招标的项目，由招标人依法组建的资格审查委员会进行资格审查；其他招标项目可由招标人自行进行资格审查。

7）通知资格审查结果。资格预审结束后，招标人应当及时向资格预审申请人发出资格预审结果通知书，以便通过资格预审的申请人根据招标项目和自身的实际情况决定是否参与投标，并按照招标人的安排及时获取招标文件。

需要注意的是，在IT项目的招投标中，资格预审是一个可选流程。有些业主重视并完成这一动作，有些业主则不会，通常视参与投标的厂商数量而定。

8.3.3　购买招标文件

投标人要想根据招标文件来编制投标书，需要先购买招标文件，也就是俗称的买标书。当然，购买招标文件买的不是文件本身，而是购买参加投标的资格。购买标书有两种模式：第一种是线下购买，去招标代理机构现场购买；第二种是在线购买，随着电子招投标的普及，网上报名购买标书越来越规范、便捷。下面以现场购买为例说明一些需要注意的重要事项。

在购买标书前，我们要准备好所需的材料。在招标公告中会写明需要的材料，如授权书、身份证复印件、公司的营业执照等，我们要按招标公告的要求来准备。

到了购买标书的现场后，需要填一些报名表等，这时需要用到公司的相关信息，如公司名称、公司地址、公司固定电话等，这些信息也要提前准备好。

购买招标文件需要带够现金。虽然目前移动支付已经很普遍了，但笔者见到一些招标公司还是只收现金。为了应对意外情况，可以多准备一些现金。

购买招标文件是有指定地点和截止时间的，我们需要提前计划好。

最后，还需要准备好项目的基本情况。去之前，我们一定要弄清楚要购买项目的名称、招标编号及想投标的包，以免出错。

线上购买标书的过程比较简单，我们只要提前关注招标代理机构指定的网站，提前注册，在指定时间登录网站选择自己想投标的包，在线完成付款就能获得想要的标书了。

8.3.4　分析招标文件

购买招标文件后，第一时间应该组织公司内的项目相关人员和专家来分析招标文件，这一步非常重要。分析招标文件，应该达到以下几个目标：

- 洞察客户的招标要求，了解客户的招标要点。
- 找出招标文件中有哪些不清晰，需要客户或招标机构澄清的地方。
- 找出废标项、无效投标项，作为标书检查的重点。
- 找出招标文件中有哪些有利于我方的因素和哪些不利于我方的因素。
- 找出评分项。
- 分析此次投标的成功率、可行性，也就是算分，与竞争对手的得分进行横向比较。
- 最终决定是否要参与此次投标。如果分析结果对我方非常不利，即使购买了标书，公司也可以放弃投标。
- 如果参与，应该采取哪些投标策略，如如何报价、是联合体投标还是单独投标等。

在洞察客户的招标要求，了解客户的招标要点这一步中，我们可以审视客户的招标要求，比较这些要求和之前与客户交流过程中获取的需求是否匹配。通过打分项的分布，分析客户最关注哪些方面，从而把握客户的招标要点。

通过分析招标文件，有经验的售前和销售可以看出招标文件里是否有竞争对手运作的痕迹，这些痕迹很可能对竞争对手有利，对我们非常不利。这些对我们不利的描述往往隐藏在招标文件的各个地方，这就需要我们逐字逐句地分析招标文件，把这些隐藏的风险找出来。与此同时，通过前期和客户的沟通，可能也会让客户在招标文件里体现出我们的努力成果,把这些对我们有利的地方找出来,这对我们编写投标文件非常有帮助。

在招标文件中难免会有一些描述模糊的地方,这些描述模糊的地方可能是无意为之,也可能是有意为之,一旦把握不好,对我们非常不利。这些模糊不清的地方往往也隐藏在招标文件的各个地方,所以同样需要我们逐字逐句地分析招标文件,把这些描述模糊的地方找出来,该询问就询问,该质疑就质疑。

接下来,根据掌握的信息从商务和技术两个维度摸底。商务要求部分,我们哪些可以满足、哪些不能满足、哪些可以争取;技术要求部分,我们哪些可以满足、哪些不能满足、哪些可以争取。拿不准的可以找公司的商务部门、产品研发部门确认。到了这一步,其实我们已经可以大致算出自己能得多少分。如果我们足够了解参与投标的竞争对手,甚至还能算出对手得多少分。需要注意的是,算分一共有两次,第一次是分析标书阶段,第二次是标书全部写完后。第二次是对第一次的迭代,计算结果会更准确。

在分析招标文件这一步,我们还需要决定最终是否投标。虽然控标、围标等是违法的,但是在现实的环境中,确实存在这种情况,直面现实并给出相应的对策,才是成熟的做法。

有些控标的操作手法非常高明,往往不一定全部放在评分表中,而是散落在招标文件的各个地方,如技术要求、资质要求、评分标准等,我们需要具备相当丰富的经验,对竞争对手有所了解,才能找出来。

如果经过对招投标文件的分析,发现我方在此次招投标过程中几乎没有胜算,尽管前期有所投入,此时也可以建议公司放弃。有时候放弃是更好的选择,可以避免人力、财力的巨大浪费。毕竟沉没成本是已经无法挽回的成本,继续投入只会让成本更高。当遇到以下这些项目的时候,可以认真地考虑放弃:

1)不属于公司的战略,对公司的发展没有好处。如与公司的产品不相关,客户所在行业不是公司重点耕耘的主航道,等等。

2)不挣钱甚至亏钱。发现客户把价格压得很低,低于公司估算投入的成本，且没有可见的长期利益来补偿。

3）交付难度太高。即使中标，交付难度太高，很可能因为交付不了收不回来款。

如果决定参与，接下来就是根据分析的结果制定投标策略了。内部如何分工，设置准备过程中的各个节点时间和输出物要求，标书里的哪些分是必须要拿到的，哪些分是可以争取的，投标文件中突出我方哪些方面的优势，如何有针对性地打击对手，如何准备讲标和现场演示，等等，都需要投标虚拟组织的负责人召集大家讨论，并做出决定。

8.3.5　询问、质疑与投诉

对于招投标中存在的一些问题，我们可以进行询问、质疑和投诉。需要注意的是，询问、质疑和投诉这三个动作，其严重程度依次提高，动作的顺序不应被改变，先询问，解决不了再质疑，质疑解决不了的，才考虑投诉。

先来说询问。招标机构可能会在投标前召集投标人举行一次集中的标前答疑，这样做的目的是集中解答投标人的各种疑问。对于投标人来说，通过标前答疑，可以帮助我们澄清之前的一些疑虑，如表述模糊、自相矛盾、错误的地方，还能获悉一些变更事项。但集中的标前答疑并不是必选项。如果没有这样的程序，我们也可以通过电话咨询招标代理人的方式，单独提出询问。在提出问题之前，我们应该提前准备好所有的问题，斟酌提问的方式，仔细聆听招标方的解释，并特别注意变更的内容。

再来说质疑和投诉。投标中的质疑与投诉是两个不同的操作。受理质疑的是招标人或招标代理机构，受理投诉的是相关行政监督部门。我们应该坚持先质疑，后投诉。投标人有权提出质疑和投诉的情况包括以下三个方面：

- 招标文件、资格预审文件违法违规。
- 招标过程违法违规。
- 评标结果或中标结果违法违规。

质疑是我们维护自身权益的常用手段，当投标人认为开标过程和评标结果违反法律法规时，有向招标人或者代理机构提出疑问的权利。但这种质疑一般是有时间限制的，一定要在规定的时间内提出来，而且一定要有理有据。一般来说，招标公告中会给出质疑的方式，如电话、邮件等。

在质疑前，我们应当思考清楚以下三点：

1）有无确凿的证据。首先，我们应该明确证据通过合法手段获取才会有效，通过一些特殊的或者违法的渠道获得的证据是没有法律效力的，同样，保密的信息也不能作为质疑的内容。

2）会伤害到谁。我们要质疑的对象一定是竞争对手，没有特殊目的，不要针对甲方。

3）会有哪些负面的影响。我们要考虑的就是会不会对我们自身产生负面影响，会不会损害自己的利益或者与甲方的关系。

当质疑不能解决问题后，才考虑投诉。投标人认为招投标活动不符合法律、法规和规章制度的，可以向行政主管部门投诉。笔者个人的想法是：投诉的结果基本上是双输的局面，一般不建议去投诉客户，一个项目不成，未来也许还有继续合作的机会。

质疑和投诉都应该遵循一定的书面格式，尽量做到正式。

8.3.6 准备标书

投标文件一般分成三个部分：投标函、商务部分和技术部分。有的项目将投标函归到商务部分。标书的具体结构一般在招标文件中都有规定和说明，我们编写的标书一定要遵循招标文件的要求。

投标函一般包含投标报价、法人代表证明、授权委托书、投标担保等，相对比较容易准备，只要不出错就行。

在实际的工作中，通常是由售前负责编写技术部分，销售负责编写商务部分，最后由售前负责整合技术卷和商务卷，形成完整的投标文件。

笔者在长期的投标准备工作中，积累了一些技巧，希望能对读者有帮助。

1）目录结构一定要符合招标要求，标书的目录一定要自动生成。

2）标书在打印前一定要先导出为 PDF 格式，防止格式变乱。

3）找专业的图文店能节省大量时间，打印的质量也更有保障。

4）打印出来后不要急于装订，而是要检查每一页，尤其是有图片、证明文件、授权文件等的重要页，判断图片、重要的证明文件、授权文件等是否清晰，如果清晰度不够，不好识别，则重新处理到足够清晰后单独打印这一页来替换原来的页。如果你早早装订了，就不好替换了。

5）装有电子投标文件的 U 盘至少在三台不同的电脑上反复检查，确保能打开，避免在复制文件的过程中出错。另外，还要确保电子投标文件的格式符合招标要求。一般来说，客户要求的格式不是 Word 就是 PDF，只要确保我们的文件格式符合要求，能够正常打开，这部分就可以放心了。

6）盖章项绝对不要遗漏。一般来说，封面、封套、各种授权函、需要签字的地方、各类证明文件等都需要盖章，装订好后还需要盖骑缝章。遗漏盖章可能导致无效投标。

7）签字项绝对不要遗漏。标书中需要签字的地方一般有两个，一个是法人，一个是被授权的代理人。通常来说，公司的法人代表不会亲自投标，所以这两个签名也会不同。要注意区分开，不要一个人签两个地方。

8）如果商务标和技术标都有产品与服务配置清单，务必要保持一致，否则有可能被质疑而导致无效投标。

9）投标最重要的就是争取到所有该得的分。有些招标文件规定在技术和商务偏离表里的某些项是不允许负偏离的，这一点一定要注意。若填了负偏离，你就出局了。如果公司能提供的产品确实不满足，却又必须参加投标，一定要上报给领导，让领导来做决定。当然，也有些招标要求里允许负偏离，只不过在评委打分的时候，会相应地扣分。负偏离一定要谨慎再谨慎。不管你填写的是正偏离还是负偏离，一定要说明清楚，并且引用你的投标文件的具体内容，每项都要有理有据。

无论你前期付出多少努力，都可能因为标书中的一个失误导致投标失败。所以，无论如何强调标书合规的重要性都不为过。标书准备好后，一定要检查标书。笔者的经验是，一定要利用好清单这个外挂工具。

清单思维是一种非常有效的思维模式。清单相当于大脑的外挂，我们不需要记住那么多的检查项，只需要按照清单的罗列一项一项执行就可以了。这样做有两个好处：第一，节省了大量的脑力，不用把清单里的每一项都记住，相当于开了一个大脑的外挂；第二，清单天然具有强制性，不容易遗漏和出错。

笔者参与了上百次投标，在某些投标过程中，曾经发生过非常低级的错误，比如页码的格式不符合招标要求、重要的资质证明已经过了有效期等，其中有些错误导致了严重的后果。因此，一定要用好清单这个非常有效的工具。

因为人本身的局限性和惰性，这样的检查一次是不够的，不仅要自己检查，还要互相交叉检查，小组一起把投标文件投影出来集体检查，并在封标前进行最后一次检查。

无论你前面做了多少次交叉检查、集体检查，只要打开投标文件，总是可以发现还能够继续完善的地方。所以，不要早早地封标，只要留够标书装订的时间就好。

8.3.7 讲标

在投标现场，流程都是固定的，按要求完成即可。但是我们可能会被要求面向专家评委陈述自己标书中的要点，俗称"讲标"或"述标"。

讲标是唯一一次当面向评委阐述投标方案的机会，自然十分重要。

如果我们对自己的标书有信心，讲标的定位应该是"稳"，把我们方案里的重点、优势传递到位即可。这是一种"守"的位置。

如果经过前期的分析，发现我们和竞争对手相比处于弱势，这时我们可以借此机会奋力一搏，讲一些不一样的东西，给评委留下深刻印象，或许可以扭转局势。

1. 讲标 PPT 的内容

讲标都有时间限制，如半小时、45 分钟不等，一般不会超过一小时。设计 PPT 和演讲内容的时候，非常重要的一点就是不要超时，如果你能恰好在截止时间前讲完你的内容，重点和优势突出，会给专家留下一个你很专业的印象。在控制内容长度的时候，还需要考虑到这段时间内很有可能并不是你自己一个人独自讲完，而是中间会穿插评委的问题和你的回答，这个时间也需要考虑进去。专家提问和我们回答的时间至少要预估占用整体时间的四分之一，也就是说如果讲标时间是 30 分钟，至少要预留 5 分钟的时间让专家提问，那么我们演讲的时间就是 25 分钟，以此类推。

由于时间限制，PPT 的内容一般来说不要超过 30 页，最好在 20 ～ 30 页之间，在这么短的篇幅内需要概括以下内容：

- 公司介绍和主要资质。从商务层面回应公司具有此次投标的资格。
- 对此次招标需求的理解，必须点对点地回应每一个必选项和得分点。
- 技术解决方案，包括技术架构等。重点介绍此次投标的产品，突出产品的比较优势，如功能、性能优势等。
- 实施计划。中标后准备如何交付，包括交付团队构成、实施周期、质量保证、如何做好运维服务等。
- 成功案例。最好是同行业的成功案例。
- 总结优势。总结整体方案的优势项，说明为什么要选择我们，同时对客户做出承诺。

2. 知己知彼，百战不殆

讲标之前，你要和销售沟通好——我们是否会被"重点对待"。这里的"重点对待"指评委可能会刁难你，目的是找出你的破绽，给他扣分找一个合理的依据。如果可能被"重点对待"，心态上就必须有所准备，这样现场才不会慌张。

另外，我们也可以用"围魏救赵"的方式反击。反击不是指反击评委，而是突出自身方案里的亮点及优势，以此将专家评委的注意力吸引到对我们有利的方面上。

3. PPT 的演练

有人说："我是比赛型选手，讲 PPT 从来不演练，都是直接上场。"必须承认，的确有这种比赛型选手，东西都在脑子里，平常的交流不需要演练也能应付。但笔者劝你还是不要过分自信，因为投标不比平时的客户交流。平时的客户交流是一场有多轮比赛的游戏，这次发挥欠佳，后面还有机会弥补。而投标是一次性游戏，若失败了，游戏就结束了，前面所有的辛苦都白费了。

即使你是比赛型选手，在讲标之前，也需要演练至少三遍，并且必须和同事一起演练，请他们提出建议。因为每个人无论多么细致，都是有盲区的，多个人帮忙一起看，盲区可能就少一点。

还有一种人，和比赛型选手相反，他们在演练的时候讲得很好，但是一上场就出篓子，不是念错就是忘词，这种人叫"训练型选手"。他们在训练场上表现很好，但一上场就发挥失常。

克服紧张情绪，本质上是要解决一个心理问题，本书对此不多阐述。但是据笔者的经验，上台紧张，最主要的原因还是经历得太少了。多练，争取一切机会练习，再辅以心理调整，这个问题一定有办法克服。

演讲紧张说明还是准备不够，提前演练的次数不够多；如果演练到让你能脱口而出的程度，形成生理反应，你的紧张多半也就消失了。

在 PPT 的备注里写下重点内容的提示，演讲的时候使用演讲者视图，关键时刻看看，心里就不会那么慌；讲话的时候寻找对象感，就像在和熟悉的伙伴交流一样，语气要自然，要和听众有眼神交流，有了眼神交流，你自然就会放松下来。

你要知道，在现场，你就是这方面的专家，没有人比你更懂你的方案、你的产品。

4. 感谢

在讲标的最后，不要忘了感谢在场的专家评委，但需要特别注意的是，无论之前是否认识，千万不要提及任何一位评委的名字，以免导致不必要的误会。

5. 答疑

PPT 里的主要内容讲完后，通常会有一个评委提问的环节。注意不要把提问的主动权完全交给评委，可以往自己擅长的亮点方向引导提问。比如在讲标的过程中，讲到己方的优势点的时候，可以加上类似这样一句话："关于这一点，如果各位专家评委对于实现细节还有什么疑问，一会儿提问的环节中我还可以详细地解答。"

同时也要提前把所有能想到的问题和答案都准备好，一个人想到的问题是有限的，可以发动周围的同事帮忙一起想，尤其是参加过类似投标的、经验丰富的同事。说白了，答疑的效果不在于临场发挥，关键在于平时积累的广度和深度。

8.4 成功或者失败

1. 投标成功，及时组建实施团队

如果得到中标通知，应该第一时间协助项目经理，和客户一起制定工作任务说明书，并组建实施团队。

第 1 章介绍项目经理和售前的关系时已经阐述过，项目经理不能等到投标成功后再介入项目，而是应该提前了解项目的背景，判断项目的交付内容和交付风险，并提前制定相应的风险管理对策。如果有可能，和项目经理一起参与投标的全过程。

2. 坦然面对投标失败

前期销售为了鼓励大家齐心协力，有时会夸大商务上的把控能力。如果投

标失败，售前容易背锅。但是我们要坦然面对投标的失败，只要过程是经得起检验的，没有明显的失误，投标失败了就失败了，不要影响我们接下来的工作。

当然，如果这是一个对公司来说非常重要的项目，投标失败后需要追责，那么如何承担应该承担的责任，不背不必要的锅呢？笔者有以下几个建议。

- 主动写一篇报告，客观地描述整个项目的推进过程，把这篇报告发送给这个项目相关的领导和同事。
- 除了描述过程和事实之外，还要站在客观的立场，认真地分析项目失败的原因，分清楚主观因素和客观因素。项目失败有些是己方的人为失误，比如投标文件不规范、没有回答到相应的点、对竞争对手预估不足等，也有些是客观因素，比如公司不满足某一项资质，公司提供的报价已经是成本价不可能再降低报价，等等。
- 主动地承担自己应该承担的责任。如果项目推进过程中自己确实有失误，不要掩盖，主动承担，并说清楚今后应该如何避免。这需要我们有诚实面对失败的勇气。
- 在报告中提出建议，今后公司如果再投类似的标，如何才能取得更好的结果。
- 如果有必要，主动地召开项目复盘会议，如果开会的权限在领导手里，就主动地提醒领导，推动复盘会议的召开。
- 作为一名售前，必须要有重要信息"留痕"的意识。在项目推进过程中的会议、讨论、汇报、项目进展、投标风险点的警示、客户方的意见等，一定要以书面的形式（通常是邮件）及时通知主管领导和项目组中的各个成员，不要自己把活干完了，而领导和销售却不知情。
- 推动公司完善相关的制度流程。比如推动公司制定规则，标书的技术部分最终责任人是售前，商务部分的最终责任人是销售，一方面提升大家的责任感，让大家更加主动、细致地检查标书，另一方面避免出现问题无人负责的情况。笔者在带领售前团队的时候，曾经推动过一些制度的落地，如标书的责任人认定、标书的检查列表、标书的交叉检查制度等。从结果上来看，效果很不错。

8.5 本章小结

项目投标犹如足球场上的临门一脚,在中后场的进攻组织得再好,也需要这临门一脚把球送进球门。

在准备投标的过程中,需要把握两个点:第一,如何尽可能地得高分;第二,如何尽可能地少犯错甚至不犯错。

要把握住第一点,我们首先要认真、细致地分析招标文件,把得分项分成两部分:一部分是必得分,如商务资质、产品功能点、案例等;另一部分是灵活分,如报价。然后按照每个得分项来应答标书,把必得分中的每一分都争取得到,同时还需要分析竞争对手的策略,有针对性地报价,争取在灵活分上也胜出对手。

要把握住第二点,除了选派细心的人参与投标准备工作外,还需要使用一些策略和工具,如清单、交叉检查、责任制等,以尽可能地少犯错。

多得分,少犯错,像足球场上的优秀前锋一样,把球踢进球门里。

职业规划篇

本篇从作者的经验出发,讲解售前如何最大化产出,如何顺利地从其他技术岗转到售前,售前如何规划职业发展,咨询顾问和售前之间有什么差异,如何保持终身学习的习惯,最后阐述了售前工作中常遇到的"坑"以及该如何避开这些"坑"。

第 9 章
如何最大化产出

职场讲能力，但更讲产出。说到底，职场上衡量一个人能力的标准，也只能是产出的数量和质量。作为市场一线的岗位，售前和销售一起，承担着为公司"开源"的重任。越来越多的公司让售前直接承担市场的 KPI，并严格核算售前的投入成本。因此，作为售前，我们有必要研究如何最大化自己的产出，以在这个行业里更好地生存下去。

9.1 无处不在的二八法则

二八法则是一个大家都已经很熟悉的法则，其表现非常多，比如：20% 的人掌握了 80% 的财富；20% 的公司攫取了市场上 80% 的利润；20% 的书籍占据了 80% 的图书市场；20% 的投资项目吸收了 80% 的风险投资资金；等等。

其实在职场中，也时时体现出二八法则，但能把这个法则正确运用到工作中来提升自己产出的人并不多。

二八法则在工作中体现在很多地方：

80%的失败项目来源于20%的风险。如果能识别并管控好最主要的那20%风险，我们就能避免大部分项目的失败。

20%的销售贡献了80%的销售额和利润。笔者曾经工作过的一家公司的市场部门有10位销售，其中一位销售贡献了一半的签单额和60%的利润，再加上另外一位业绩比较突出的销售，他们贡献了90%的销售额和超出100%的利润，之所以是超出100%的利润，是因为其他销售贡献的利润是负数。这已经远远超越二八法则了。

20%的客户贡献了80%的利润，而剩下80%的客户只贡献了20%的利润，却占用了公司大量的资源，甚至有些客户，公司是赔本为其服务的。

20%的销售占用了公司80%的市场资源。这里的资源指的是一家IT公司里宝贵的技术支撑力量。根据笔者观察，这是很多公司里都存在的不合理现象：近水楼台先得月。比如很多时候，一个销售能获得的售前资源、研发资源，不是与其负责的商机质量有关，而是与其在公司里是否"吃得开"有关。这种二八法则极大地影响了公司的整体效益，甚至会出现劣币淘汰良币的现象——如果某个销售在公司里占用过多的资源，我们不得不去支撑他的一个不靠谱的客户，很可能就必须放弃另一个优质的客户。

以上是社会上和公司里常见的二八法则。在售前工作中，我们可以利用二八法则来最大化自己的产出。要用好二八法则，我们首先必须明白自己的资源是有限的，需要"有所为，有所不为"。首先弄清楚产出百分之八十效益的那百分之二十客户到底是哪些，抓住那些能贡献大部分效益的"关键少数"，把我们的精力倾斜到这些"关键少数"上，在保证服务好核心客户的基础上，有精力再覆盖其他客户。

9.2 客户分级和资源分配

笔者在一家公司工作的时候，公司制定了项目分级制度，把项目分成三级，即公司级、区域级/行业级、日常级，如表9-1所示。

表 9-1 项目分级

项目等级	描述	责任人
公司级	行业标杆或合同金额>500万元或未来一年预签金额>500万元	销售副总指定人员
区域级/行业级	合同金额>300万元或未来一年预签金额>300万元	区域/行业销售负责人
日常级	—	项目销售

每一级客户能够调用的资源是不一样的。如果是公司级的客户，必须随时支持到位，可以通过负责研发的副总直接调用后端资源。如果是区域级/行业级客户，那么区域/行业销售负责人必须先找到负责销售的副总，再通过后者调用后端资源。

那么，如何较为客观地评估客户的等级呢？可以从客情关系、客户是不是行业标杆、预期合同金额、项目预期签单时间等维度来打分，通过分值的高低来评估客户的等级。

作为一名售前，可以推动公司做客户分级，如果公司暂时没有相关的制度，也可以使用这套方法供自己或团队使用。

9.3 学会说不

熟悉了二八法则在公司里的体现，以及客户分级与资源分配体系，接下来就到了面临不同选择的时候：

手里有五六个项目要跟，都要去交流，都要写材料，哪个排在前面，哪个排在后面；

同时支撑两三个销售，都说自己的项目最重要、客情关系好，哪个是真的，哪个是在扯虎皮拉大旗；

明天上午有两个客户都要交流，哪个必须去，哪个可以和客户商量往后延一延；

等等。

面对这些艰难的选择，你必须学会在工作中说不：

- 面对不靠谱的项目，销售找到自己要支持时，要学会说不；
- 面对不靠谱的销售，要自己做职责范围外的事情时，要学会说不；
- 面对不靠谱的客户，问自己要涉密或者需要大量时间去加工的材料时，要学会说不。

但很多人，尤其是新到一家公司的售前，害怕说不，因为他们担心：

- 我的资历浅，怕得罪同事；
- 害怕自己在团队中失去位置；
- 不想破坏自己"乐于助人"的正面形象；
- 担心别人今后也对自己说不；
- 我的能力强，能力越大责任越大，承担更多的事情是应该的；
- 万一这件事真的很重要我却没做，领导怪罪下来，我要承担后果；
- 我这次说不，下次销售有优质的客户和优质的项目，是不是就不会找我支撑了。

你的选择是什么呢？

在职场上说不，一开始确实非常困难，尤其是对一个职场新人来说，你会面临巨大的压力，会有很多担心。但是只要你说了三次以上，每次都有理有据，下次那些不靠谱的事情就自动与你绝缘了。

但如果学不会说不，你宝贵的精力就会被大量地浪费在不靠谱的项目、不靠谱的客户身上。不靠谱的销售、不靠谱的客户带来的都是不靠谱的项目。要知道任何事情持续时间长了都是有惯性的，这样一来，你就陷入了一个自我加强的负向循环，长此以往，你在公司里就成了专跟不靠谱项目的售前了。你的核心竞争力何在？职业前景何在？

当然，说不的前提是你的专业能力过硬，拒绝别人不能简单粗暴，必须给出合理的原因。这样万一冲突上升到领导层面，你也可以据理力争。

另外，面对死缠烂打的同事，就考验说不的技巧了。下面分享几招：

第一招，引导销售自己去判断项目是否靠谱。如果销售第一次见过客户，就要求你给客户提供方案，这时你要引导销售去判断当前阶段这个项目是否靠谱。你可以问销售几个问题：你的客情关系究竟怎么样？接触的是关键决策者吗？客户今年的预算是怎样的？预计什么时候签单？客户的核心需求是什么？客户要方案的目的是什么？下一步我们应该如何做？等等。这些问题一提出来，销售如果愿意深入思考，就会明白当前这个阶段是否值得大量投入资源。这些问题还可以形成一个清单，你每次遇到感觉不靠谱的项目时，先把清单给销售，让他自己对照清单先判断一下再来找你。

第二招，给他提供一个更好的建议，一个可以简化你的工作量且在他权衡利弊后感觉也不错的建议，这就需要平时你多留心，对于他可能会提的要求先做到心中有数，当他提出来的时候，你就知道该怎么说了。比如，销售第一次去拜访客户就要求你一起去，你可以告诉销售，第一次去见客户主要是摸清项目商务方面的信息，比如是否立项、项目发起人是谁、预算有多少等，一般不涉及深入的技术交流，并建议销售自己先去，如果真的有必要，下次见客户的时候再一起去。

第三招，如果是领导安排不合理的任务，不要直接反驳，也不要在公开场合说不。找一个和领导单独相处的时候，言之有理地将自己的想法表达出来，最好用事实和数据说话。比如把自己最近的工作按照重要性给领导梳理一遍，告诉领导你要优先保障哪些工作的产出。

第四招，优先级往后排。如果实在推脱不掉，可以先答应下来，但是向对方说明，因为手头还有其他更加重要的工作，这项工作的优先级只能往后排。这时对方自然会考虑是不是还要由你来做这件事。

第五招，订立原则。订立原则阻止那些不合理的要求。比如，和对方说："我可以给你提供意见，甚至资源，但是这个事情还需要你自己去做。"或者"我正在准备一个非常重要项目的投标，这个时候我是不接新项目的，否则手头的项目如果失败了，我们需要一起承担责任。"

职场是讲规则的地方，不要试图在职场上通过做一个好人来"交朋友"，最终你既做不了好人，也交不了朋友。请学会说不。

9.4 打造自己的武器库

作为一名售前，要最大化你的产出，除了分清楚项目的优先级，合理地分配自己的资源，学会说不之外，还有一个非常重要的手段，就是打造一个火力强大的、称手的武器库。遇到任何客户、任何需求，只要从这个武器库中选择相应的武器，大部分问题就能迎刃而解。一个初级售前和一个有经验的售前，除了认知上的差异之外，最大的差异可能就是手头是否有称手的武器可用。

这个武器库中有两类武器：知识库和人脉库。

知识库包含产品的知识、经常要用到的PPT、经常要用到的话术、有感染力可以反复给客户讲的故事、权威机构的报告、客户常问的问题、历史投标文件、PoC成果等，这个知识库不是三五天就能建立起来的，而是一项长期工程，要不断补充、不断优化。

笔者有个习惯，喜欢听其他优秀的售前讲PPT，他们在演讲的过程中总会讲到一些能打动客户的故事、一些精妙的比喻、一些让人印象深刻的数字等，默默地把这些记下来，思考怎么融合进自己的演讲里，下次用自己的方式讲给客户听。

另外，在售前过程中，客户问的每个问题，笔者也都会记录下来，合并同类问题后，整理到知识库里面，并且不断地完善答案。

作为一名售前，平时要关注自己所在行业的研究报告，如果你主要做房地产行业信息化，就要关注一些权威的智库（如克而瑞）的研究报告。在与客户沟通的时候，你引用权威报告的数字，也会增加自己的权威性。

此外，投过的标书、做过的PoC演示、已经被验证过效果不错的技术方案等，都有必要整理出来，放到自己的知识库里面。

作为售前，尤其是售前部门的负责人，应该努力推动公司层面的知识库建设，分配好权限。如果公司暂时没有知识库，先从自己做起。这是售前的基本修养。

除此之外，作为一名售前，如果客户紧急要一份方案，他要汇报给他的领导，而你的知识库里没有，该怎么办？这时候就需要求人了。所以，一名售前必须有自己的人脉网络。售前是经常帮助别人和向别人求助的，你这次帮助了别人，下次别人也会帮助你。对于你来说，提供一份材料而已，举手之劳，只要合规，没多少工作量；对于接受帮助的人来说，那可能是省去了他两三天的时间。这里的重点是互相帮助。人脉网络不要局限于公司内部，在公司外部，你也可以交一些售前的朋友，大家经常互通有无。笔者的微信通讯录里至少有30位公司以外的售前朋友。有必要的话，还可以建一个群，大家经常在群里讨论，分享资源。当然，提供材料必须符合公司的保密规定，注意不要把客户的敏感信息外泄出去，这是最基本的职业素养。

"工欲善其事，必先利其器。"一个人要想干好活，一定要先使工具精良。大家可能都看过一些讲专业特工的电影，如《碟中谍》《史密斯夫妇》《王牌特工》等，里面的主角都有一些非常先进、用起来很称手的武器，这就是专业与业余的区别。我们要在售前的岗位上成为一名"专业特工"，也必须建立起自己精良的武器库。

9.5 本章小结

雷军说："不要用战术上的勤奋，掩盖战略上的懒惰。"如何最大化自己的产出，对于个人发展来说，就是一种战略上的思考。

这是一种以我为主的战略。要成功实施这个战略，就不可能考虑每个人的利益。在这个过程中，你一定会让某些人失望，甚至会得罪别人，要有这种心理准备。如果你准备让每个人都开心，那么最不开心的，就是你自己。

除此之外，一定程度上奉行拿来主义，手边有一个随时打开能用的武器库，也是提高个人产出的好方法。

第 10 章
如何从其他技术岗转到售前

关于从一般技术岗转到售前，有两种看法：

第一，认为售前的技术门槛低。如果研发等岗位做不下去了，就可以转售前，反正售前对技术要求不高，又没有销售那么大的业绩压力，还不用填坑。

第二，认为售前需要在客户面前"口吐莲花"。自己的口才不好，所以不适合转售前。

这两种看法都是错误的。

售前的技术门槛其实并不低。这里的"不低"说的不仅仅是技术的深度，更重要的是技术的广度。售前绝不是混日子的，每一个售前都要不断精进业务，否则就会被淘汰。

售前也不是靠嘴巴吃饭的。相对于所谓的"口才"，售前更需要的是倾听和深度思考的能力。倾听让我们更懂客户，而深度思考是有穿透力的沟通的前提，只有想清楚了，才可能表达清楚。事实上，售前并不需要口才太好，因为我们要维护的是值得信任的专家形象。

那么，如果你是一名在 IT 行业工作几年的技术人员，无论是研发人员、产品经理，还是实施人员、项目经理，对售前岗位真的感兴趣，也有信心，想要转到售前岗，需要了解些什么呢？本章就来回答这个问题。

10.1　一般技术岗和售前岗的区别

笔者见过很多售前都是其他技术岗转过来的，有的是程序员，有的是项目经理，有的是产品经理。那么，售前和其他技术岗有什么区别呢？

第一，内涵不一样。像程序员等岗位，是纯技术岗，而售前是技术和销售各一半的岗位。

第二，起点不一样。很多人一毕业就成为程序员，但是售前很少招应届毕业生。售前通常都是从其他技术岗转过来的。

第三，对能力的要求不一样。其他技术岗对技能的要求通常是"深"，而售前更多强调的是"全"。

第四，职业寿命不同。普通程序员到了 35 岁，真的是一道槛，很多公司不会明说，但在招聘的时候会直接把 35 岁以下的程序员简历过滤掉。而放眼望去，无论大厂小厂，35 岁以上的解决方案架构师比比皆是。

第五，未来发展方向不同。通常来说，纯技术人员会越来越深地陷入技术中，成为架构师、技术大牛，或者往管理方向转型，成为技术管理人员。而售前更可能往业务专家的方向靠拢。

10.2　公司需要什么样的人来做售前

如果要从公司内部转售前，怎样才能抓住机会呢？首先要知道公司愿意选择什么样的人来做售前。

笔者之前服务过的一家公司有两位售前也是从纯技术岗转过来的。一位以前是研发，自己主动要求转岗，经过评估后同意了他的请求。另一位以前是项目经理，笔者发现他有售前的潜质，正好那段时间售前岗比较缺人手，于是就征求了他的意见转岗过来的。基于这些经验，笔者谈一谈自己在公司内部选拔售前的心得。

第一是性格。做售前，不需要非常外向，但至少要愿意与人交流。之前笔者部门有一位从别的部门转过来的售前，因为过于内向，不愿意和同事、客户沟通，没办法只能劝退了。售前必备的第二个性格特征是愿意接受挑战。售前要时刻面对客户、销售的挑战，面对业绩指标的挑战，没有一颗上进的心，没有面对挑战的勇气，是干不长久的。

第二是基本功，包含三个层面：结构化思考能力、PPT 技能、语言表达能力。一个人具有结构化思考能力，才能把自己的观点表达清楚，也才能总结别人说的话。结构化思考能力是我们与别人沟通的基础能力。PPT 技能和语言表达能力很大程度上都是结构化思考能力的延伸，关于这两种能力，前面已经讲了很多，这里不再赘述。

第三是职业规划。自己要想清楚是否愿意在售前岗位上长期干下去。一个人从纯技术岗转售前，不是因为他在原先的岗位上干不下去了，而是对售前这个岗位和自己未来三到五年的职业规划都想得比较清楚了。

市场上非常缺乏优秀的售前，如果能从公司内部挖掘，何乐而不为呢？一方面更懂公司的产品、公司的文化，省去了适应期；另一方面也省去了招聘的成本。当领导发现公司内部有具备以上三种特质的员工时，肯定会优先考虑。

10.3 判断自己是否适合做售前

公司的选拔是一回事，自己对自己的认知更加重要，毕竟自己最熟悉自己的特点，适不适合某一个岗位，也只有自己才有最终的决定权。

10.3.1 问自己几个问题

如果你已经在普通技术岗位上干了多年，有转售前岗的想法，甚至已经下定决心，那么，怎么知道自己是否真的适合做售前呢？你可以回到第2章，看看自己是否具有售前的能力或潜力，并且还需要问自己几个问题，诚实地面对自己。

第一，我有足够丰富的技术积累吗？

售前最重要的特征是可信任的专家，面对客户的时候，要被问到各种各样的技术问题，当然需要足够丰富的技术积累。这里"丰富"有两层含义：第一，知识面足够广，IT行业里的知识多少都知道一点，客户无论起什么话头，你都能接得起来，顺着聊下去；第二，在核心领域，通常是公司所在的行业、公司产品所在的领域，你要有异于常人的深度，通过这种深度认知说服客户，让客户觉得在市场上这个领域中你所在的公司就是最专业的。读者可以回顾一下第2章中关于π型人才的阐述。

第二，我能适应与不同的人打交道吗？

售前是直接面向市场的工种，必须和各种各样的人打交道，会遇到各种背景和性格的人。你应该问自己："我能适应与各种不同的人打交道吗？"当然，售前并不要求你是一个交际达人，但是最起码，你不能讨厌你的客户。因为这种人与人之间的感受，无论你隐藏得多好，别人都是能感受到的。

第三，我是一个细心严谨的人吗？

售前经常要做标书。这是一项对细节要求很高的工作，一旦出错，很难挽回。所以，售前既需要在客户现场侃侃而谈，也需要沉下心来，抠标书文件里的每一个细节是否符合要求，每一个逻辑是否经得起推敲。

第四，我愿意不断更新自己的知识结构吗？

有些售前可能有些不切实际的想法：公司的产品多年就这一套，转到售前后，只需要一段适应期，后面就不需要更新知识结构了。但市场是瞬息万变的，客户的需求是永远无法满足的，作为售前，必须要不断学习，更新自己的知识结构，掌握新的业务和技术知识，才能稳立潮头，不会被轻易淘汰。

第五，我有深度思考的习惯吗？

售前非常需要深度思考的习惯和能力。可以问问自己：是否经常反思自己？是否能从过去的错误与经验中学习到新的东西？是否建立了一些自己的思维模型并运用到实践中？是否能跳出自己的立场去看问题？

第六，我能适应经常出差的生活吗？

现在稍微有点规模的 IT 公司，其市场都是定位于全国，这就要求售前经常出差。那么，你能适应这种拎起包说走就走的生活吗？如果有家庭羁绊，无法两全，那还是要慎重考虑的。

第七，我能处理好现实中的一些灰色地带吗？

市场活动中可能会有一些灰色地带，作为售前，可能会触碰到。你能处理好这种情况，并管理好其中的风险吗？基于此，建议你慎重考虑做售前。

如果你已经想清楚了以上七个问题，给出了肯定的回答，那么恭喜你，你已经满足转岗到售前的基本要求，可以正式把这件事提上日程了。

10.3.2 使用 SWOT 分析

SWOT（Strength，Weakness，Opportunity，Threat，优势、劣势、机会、威胁）是一套非常有用的分析框架，它将与研究对象密切相关的各种主要内部优势、劣势和外部的机会、威胁等，通过调查列举出来，并按照矩阵形式排列，然后用系统分析的思想把各种因素相互匹配起来加以分析，从中得出一系列相应的结论，而结论通常带有一定的决策性。

SWOT 在实践中应用非常广泛，不仅适用于企业，也适用于个人。下面是笔者曾经帮助一位项目经理在考虑转型售前的过程中所做的 SWOT 分析，如图 10-1 所示。

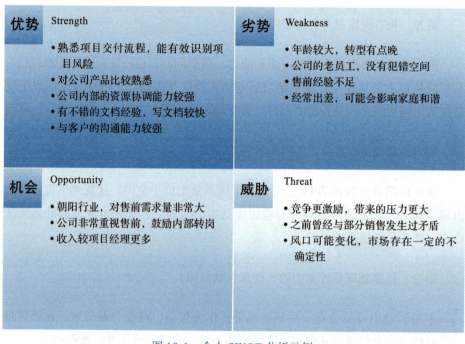

图 10-1　个人 SWOT 分析示例

如果有必要，我们自己也可以通过 SWOT 这套有效的工具，更加客观地看待自己，从而做出正确的决策。

10.3.3　摆脱路径依赖

表面上看，我们做的每个决定都应该是理性的，符合利益最大化的原则。但实际上大多数时候，我们只是习惯性地重复过去对自己有效的模式，很难建立起一种新的思维模式，转换到一条新的路径上来，这就叫"路径依赖"。

职业转型的关键就是摆脱路径依赖。大学并没有售前专业，或者叫解决方案专业，售前都是从工作中成长起来的。很多人大学学的是软件、大数据、通信工程或人工智能等，总之是和计算机相关的专业，毕业后第一份工作大多是程序员，不管你是用 Java、C++ 还是 Python，或者做前端开发、数据库工程师，都是从写代码开始的，写几年后才开始发现自己身上别的特质。有管理协调能力，可以转岗项目经理；对产品感兴趣，可以做产品经理；很细心，可以做测试经理；对市场感兴趣，喜欢和人打交道，可以转销售和售前。可是转型说起来简单，实际做起来却很困难。笔者就见过很多一直想转型，却过了三五年一直都没有转过那道弯的人。这是因为我们的身上都有路径依赖。熟悉的事情做多了，就想一直做熟悉的事情，重复会产生继续重复的惯性。后一次选择，多少会受到前面选择的影响，这个现象就叫作路径依赖。路径依赖可不仅仅是陷在现状中出不来，它会不断地固化你做事的习惯，加深你现有的路径。

在职业选择上，路径依赖有两种情况，一种是正向反馈的路径依赖，另一种是负向反馈的路径依赖。比如一个人过去是程序员，干得很好，积累了几年之后，开始往架构师方向转型，逐渐成为公司的资深架构师。或者一个人过去是程序员，干得不怎么样，但是他从过程中发现了自己喜欢和人沟通，自己身上还有做解决方案的天分，于是往售前方向转型，逐渐成长为行业的资深顾问。这就是正向反馈的例子。过去的职业选择对现在和将来的职业选择有促进作用。对职业选择来说，正向反馈的路径依赖是件好事。

又如，一个人过去是程序员，用 Perl 语言写代码，干了好些年，突然发现自己会的编程语言已经过时了，没有市场了，于是转型去学 Python，但放下原来的技能心有不甘，又担心自己竞争不过那些用了几年 Python 的人，瞻前顾后，担心失败，担心年纪大，担心竞争，担心生活压力……磨磨蹭蹭地又坚持了几年，转型一直停留在他的想象中，直到有一天，等来了一封公司的辞退信。这就是一个负向反馈的例子，过去的职业选择对现在和将来的职业选择有抑制作用。对职业选择来说，负向反馈的路径依赖是件坏事。

转型的关键就是利用好正向反馈的路径依赖，摆脱负向反馈的路径依赖。那么，应该如何摆脱负向反馈的路径依赖呢？这里有三个建议。

第一个建议，互联网思维中的"快速试错"可能对你有一定的帮助。简单来说，就是你在正式转型之前，可以先尝试一下售前的工作，如果发现自己成长速度很快，且能把那股劲儿保持下去，再下决心切换赛道。举个例子，售前需要做 PoC，需要去客户现场演示产品的时候，你把握住这样的机会，跟着销售、售前一起去见客户，尝试一些售前的工作，比如主导给客户的演示过程，看自己能否胜任。几个项目跟下来，你对自己就有一个比较清晰的认识了。

第二个建议，为自己树立一个行业标杆。这个标杆可以是你优秀的同事，也可以是行业里的大神，就像行星在引力的作用下围绕太阳转一样，你也围绕这个标杆转动，学习他，模仿他，直到找到你自己做事情的方式后，再脱离这条轨道。

第三个建议，可以尝试以第三人的视角看待自己的行为。这种客观视角会让你找出自己身上还不合理的地方，从而有针对性地改进。当你尝试改变的时候，第三者的视角也能让你感到更加放松。

10.4 分析招聘需求

无论是想从公司内部转岗售前，还是想跳槽到一家新公司从售前干起，关于自己是否适合做售前，是否已经具备了售前的基本素质，有一个简单的判断方法，就是分析招聘网站上对售前的招聘需求。如果你想从公司内部转岗，你就分析公司发布在招聘平台上的招聘需求；如果你想去某一家特定的公司面试，你就分析这家目标公司的招聘需求。

我们从招聘网站上摘录了几则招聘售前的广告，先来看看市场上的 IT 公司对售前的要求。

（1）某老牌的网络安全公司招聘售前

工作职责：

1）配合销售进行网络安全等项目的售前技术支持工作，挖掘客户需求，编写技术解决方案。

2）配合销售、行政进行项目的招投标工作，负责招标文件技术部分的编写。

3）积极和竞争对手、厂家等进行沟通交流，学习新产品、新技术；分析竞争对手的产品优劣势，提出产品优化建议。

4）协助项目经理完成项目的落地交付。

岗位要求：

1）大学计算机专业、信息安全专业优先考虑。

2）2 年以上售前工作经验。

3）能熟练使用 Office 办公软件进行日常的文档处理工作，擅长 PPT 制作。

4）能熟练绘制网络拓扑图。

5）能熟练进行售前交流和汇报。

6）具有比较扎实的网络基础知识，熟悉 TCP/IP、各种路由协议、局域网或广域网技术。

7）熟悉常见网络设备（路由器和交换机的原理、使用、安装、调试），具有故障处理经验。

8）具备网络安全知识，如熟悉入侵检测、网络审计、漏洞扫描等，能进行常见安全设备的安装和调试，并根据用户需求进行安全策略的配置和调整。

9）工作责任心强，能承受较大的工作压力，能适应出差。

10）具有良好的服务意识，亲和力强，具有较强的沟通协调能力。

（2）某金融 IT 服务商招聘金融大数据高级技术咨询师

工作职责：

1）负责金融大数据应用咨询售前工作，为客户提供专业咨询服务，助力其扩展大数据应用模式，挖掘大数据价值，提升运营能力。工作内容包括配合销售外出洽谈客户、与用户的技术交流、技术方案编写、技术方案宣讲等。

2）负责投标技术文件的编制，包括技术文案、软硬件配置及报价、应标等工作。

3）负责定期针对行业、市场、用户需求及竞争对手等方面编制分析报告。

4）能够根据市场需求，提炼产品卖点，分析竞争产品，提供产品应对和优化建议。

岗位要求：

1）5年以上金融行业售前技术支持工作经验，有数据分析经验，熟悉SQL，掌握大数据的底层架构知识，对Hadoop、Spark、Flink等技术架构有一定的研究。

2）具备较强的逻辑分析能力及文档整理和归纳总结能力。

3）具有强烈的学习意愿，具备较好的学习能力、问题分析能力及问题解决能力。

4）具有良好的沟通协调能力和团队合作意识，可以主动总结和分享自己的工作经验。

5）具有较强的责任心，有担当，有冲劲。

6）了解电信、金融、互联网等行业业务和市场运营，具有相关行业工作或咨询经验。

（3）一家在云计算领域的创业公司招聘云计算解决方案架构师

工作职责：

1）针对时速云容器云PaaS、微服务、DevOps等产品为客户提供售前解决方案咨询，协助销售签约客户。

2）结合时速云容器云PaaS产品，为客户制定容器化解决方案，并且解决实施、迁移、测试过程中的技术问题；理解、反馈用户需求，推动内部产品的改进和服务的提升。

3）把握容器技术发展动向，特别是容器技术与其他行业的结合，制定容器行业解决方案并推广给用户。

4）定期与用户深入交流（现场或者远程），确保用户使用云上业务健康、稳定地运行，提升客户使用体验。

岗位要求：

1）本科及以上学历，计算机相关专业。

2）4年以上的互联网售前、开发或者运维相关经验，至少了解 Gol、Java、C、C++、Python 中的一种开发语言。

3）熟练使用 Kubernetes，熟悉 Kubernetes 的各个组件的工作流程以及网络、存储等技术方案。

4）熟悉 Kubernetes 生态，如 Docker、Promethus、Etcd、Flannel 等。

5）具备良好的沟通技巧，能够成为客户及研发团队的沟通桥梁。

（4）某制造业信息化服务厂商招聘 MES 售前顾问

工作职责：

1）负责 MES（制造执行系统）售前工作，包括技术宣讲、技术交流、项目引导、需求挖掘等。

2）负责 MES 的项目投标工作，包括标书应答、制作和审核投标配置及技术方案等。

3）负责公司产品交流 PPT 及产品资料和文档的编写，并形成可复制的知识库内容。

4）负责公司内部员工和外部客户的产品培训等。

岗位要求：

1）3年以上 MES 从业工作经验，通信、电子信息或计算机专业毕业，本科以上学历。

2）有本岗位工作经验优先考虑。

3）精通 MES，熟悉 ERP 系统。

4）熟悉制造业行业（电子、家电、机械制造、医疗器械等至少一种）。

5）具备项目管理能力，熟悉整个项目过程，有 PMP 证书优先考虑。

6）有良好的英语读写能力，能看懂相关英文技术文档。

7）适应较频繁的短途出差。

仔细研究一下这些岗位的招聘需求，发现虽然名称各不相同，要求各有侧重，但是主要的工作职责和内容大同小异。对人员的要求都是具备行业的售前经验，熟悉相关领域的技术，有良好的沟通能力等。

如果你有志于从其他技术岗转到售前，平时可以多上网研究售前的招聘需求，对比自己现在的能力模型，大致能清楚自己是否已经达到了售前的基本要求，还有哪些地方需要提高。

对照这样的招聘需求，你不需要完全满足，如果能满足70%，就可以去面试了。需要说明的是，一般来说，企业都希望招聘有经验的售前，但是并不意味着我们转岗的员工就必须满足所有的要求，重要的是展示出你对售前这个岗位的理解，你的积极、开朗的性格特征，你的上进心和学习能力，以及你不介意从初级售前开始做起。

还是那句话，市场对优秀的售前是求贤若渴的。只要你有信心，尝试一下又何妨，大不了再回去敲代码。

10.5　面试注意事项

1. 面试前的注意事项

面试售前岗位前，有以下几点需要特别注意。

第一，研究目标公司。

求职者切忌把所有的公司都当成同一家公司来面试。如果你面试的是一家主要从事制造业信息化的公司，就老老实实突击一下制造业信息化的常识，研究一下公司的历史、战略、过往的案例等。笔者有一位朋友，他在面试一家公司的售前领导岗位之前，把这家公司董事长兼CEO近几年在所有公开场合的讲话全部找来研读了好几遍，面试的时候对公司的历史、企业文化、未来战略、重要客户、产品特点等脱口而出，这样细致的准备工作当然更容易赢得面试官的好感，于是从众多的候选人中脱颖而出。

面试前研究目标公司，还可以避免踩坑——掉入一家没有前途的公司。有些公司看着不错，但未来未必发展得好。笔者有一位朋友，在一家大数据公司做售前，这家公司在当地是一家相当有历史的老牌公司，结果因为经营不善，发不出工资。如果在面试前，能在一些企业点评网站上查一下这家公司，花一点时间研究一下，有渠道的话再问问这家公司的老员工，或许就不会浪费这么多时间了。

第二，研究目标岗位要求。

售前的岗位需求大同小异，我们要研究的，恰恰是这些"小异"。从这些不同中，看这家公司更看重候选人哪方面的品质和能力，然后有针对性地准备简历和面试。比如招聘要求上写有"可以适应去西藏、青海等高原地区出差"，在面试的时候，你就可以和面试官谈谈自己在高原地区工作的一段经历，或者在自我介绍的时候可以说自己有过高原地区旅行的经历。

第三，清楚自己的优劣势。

清楚地知道自己面对这个岗位竞争时的优劣势，有针对性地进行准备，面试时在被问到自己的劣势时就不会慌张。比如这个岗位要求3年的交通行业解决方案经验，但是你过去主要的经验是在公安、政法行业，只零星地支持过一两个交通行业的项目，就可以好好地准备一下自己在交警行业的经验，尽量往交通行业靠。

第四，多演练几次。

以简单的自我介绍为例，面试官真正想听的不是你写在简历上的那些内容，而是你的经验主要在哪个领域，你与众不同的点在什么地方，你与这个职位相匹配的点在什么地方。如果只是把简历上的信息复读一遍，那又何必设置自我介绍这个必备环节呢？你需要提前想清楚以上问题，并在面试前多演练几次，演练的时候可以对着镜子并录音来评估效果，也可以找信得过的人帮自己提意见。

一般来说，面试官还喜欢问你的项目经验，比如你经历过哪些大项目，失败了还是成功了，你如何复盘这些项目，等等。如果是面试者自己主导的大项目，通常会被问问各种细节。通过盘问项目经验，一方面可以看出你是否真的有简历上写的那些项目经验，另一方面也可以看出你是不是一个有深入思考习惯的人，是否能通过复盘来反思和提升自己。

另外，面试的过程中，面试官很可能会请你讲PPT，以考查你的PPT演讲能力。在面试之前，准备好自己擅长的PPT，并多练习几遍，是绝对有必要的。

第五，简历要经得起检验。

面试官见过的求职者大概率比我们经历过的面试官要多得多，不要试图欺骗面试官，更不用说还有背景调查。哪怕你这次通过了，入职前的背景调查被发现作假，那也就前功尽弃了。简历里的基本信息，如上几家公司的工作时段、项目信息等，必须要经得起检验。

第六，请朋友推荐。

相比自己投简历争取面试机会，如果有熟人内推，你的成功概率会高很多。你也可以提前从朋友那里了解关于这个岗位的更多信息，一定不要放弃这样的好机会。

充足的准备能增加我们的信心，大大提升面试成功的概率。面试不是有枣没枣打三竿、这片林子不行马上转移到下一片林子，而是对公司和职位认真研究后的精准突破。

2. 面试中的注意事项

IT行业的面试是一门学问，足可以写一本书。篇幅所限，这里只针对售前谈一些重要的点，看看售前岗位面试时需要考虑些什么。

第一，不要放弃宝贵的提问机会。面试流程一般走到最后，面试官都会问你有什么问题要问的，千万不要放弃这个宝贵的机会，这是展示你对这个岗位兴趣的最好机会。这个机会利用得好，会为你的整体表现加不少分。

面对技术主管，请教他如果自己能进入公司工作有什么好的建议，还可以问清楚这个岗位的考核标准等。

面对 HR，可以问清楚什么时候能收到准确的回复、公司的培训体系、公司能提供哪些职业发展方向等。

第二，如果真的不知道，不要不懂装懂，说一堆不着边际的话，和面试官打太极，这样是在浪费彼此的时间。如果回答不上来问题，就大大方方地说自己不知道，虚心地请教面试官。

第三，不要过分主动地迎合面试官，表现出自己的水准和特点就可以了。不要去揣摩面试官的兴趣，不要一味地附和面试官的观点。

第四，搞清楚面试的全部流程，每一个环节面试的重点都是不同的。如果你面试的是普通售前，可能只需要面两轮——专业面和 HR 面。如果你面试的是售前经理，一个需要带团队的岗位，你可能会经历四轮甚至五轮面试。马拉松一样的面试很考验一个人的精力，不要慌张，沉着应对。

面试官通常会从以下几个维度来考查候选者。

- 对售前工作的理解，如售前技能图谱、售前流程、投标注意事项等。
- 项目经验，如成功项目、失败项目、项目中的角色等。
- 技术积累和产品知识，与行业、产品相关的技术领域中的积累。
- 业务知识，每个公司都有侧重的行业，了解行业现状、痛点、发展趋势，以及同行业的其他公司及其特点。
- 结构化思维能力，有些问题并没有正确答案，面试官只想考查你是否具备相关的思维框架。
- 口头表达能力，口头表达能力和结构化思维能力是密切相关的，重要的是把自己的观点讲清楚。

- 能否对项目进行比较客观的复盘。通过这个过程，面试官能看出候选人是否具备岗位所需要的责任心。
- 售前的高阶能力，如引导客户的能力、应变能力等。面试官通常会设计一些场景，然后问你在这些场景下如何应对，比如客户中的一个技术负责人不断地对你的产品挑刺，你应该如何应对，等等。
- 学习能力、性格、团队配合意识、资源协调能力等。
- 演讲能力，很可能会让你现场讲一篇 PPT，考查候选者的演讲能力。
- 你对这家公司和这个岗位的认识，看看你是盲投的简历还是提前做了准备。

接下来，笔者将自己在面试售前时常问的一些问题，用清单的方式贡献出来，供读者参考。当然，清单里的问题只是一些通用的问题，也就是所有的售前都可能会遇到的问题，而一些专业知识，如行业相关的问题、IT 技术相关的问题，太过于宽泛，本书无法包含进去。

- 你为什么来应聘我们公司的这个职位？
- 你认为售前需要具备什么样的能力模型？列举你认为售前最重要的三种能力，按照重要性排序，并说明为什么会这样排列。
- 和身边的其他售前相比，你认为自己的优势有哪些？有哪些地方还需要加强？
- 在招标中，你要与几个实力更雄厚的公司竞争，并在项目中取胜，你通常会怎么做？
- 一份完整的投标方案由哪几部分组成？你通常怎么检查标书？
- 如何评估一个项目的交付成本？
- 在与客户进行技术交流的过程中，客户问了你一个技术问题，恰好是你不太懂的领域，这时候应该如何应对？
- 客户明确提出了几个需求，其中一个需求有明显的错误，在你提出并试图纠正时，客户态度坚决，坚持自己的需求，你该怎么办？
- PPT 或者产品演示讲解中，客户当面质疑公司产品和你的解决方案，你应该如何处理？
- 你和销售对一个项目的判断产生了分歧，你从专业的角度出发，认为这个项目无法交付，不应该继续投入，销售则坚持要接这个项目，这个时候你怎么解决冲突？
- 分享一个你经历过的重大失败项目，分析一下这个项目失败的原因，如果让你从头再来一次，有哪些地方需要改进？
- 你经常给客户讲的一个很有用的故事是什么？
- 你认为售前和项目经理之间的工作边界在哪里？项目经理应该从哪个阶段介入项目？为什么这样认为？
- 假如只给你三天的时间，要快速地搞懂客户的业务（或者弄懂一个行业），你会怎么做？
- 分享一下你对 XX 行业发展趋势的看法。
- 你对某个技术趋势的看法是什么？它会替代现有的技术吗？
- 如果让你组织一次给销售队伍的培训，你会主要讲哪些方面的内容？
- 你未来两到三年的职业规划是什么？
- 你最近在读什么与你的工作相关的书籍，或者在学什么相关的课程？
- 你如何评价上一家公司的产品，其优劣势分别有哪些？你认为上一家公司的产品在市场上的竞争力如何？
- 你如何看待频繁地出差这个问题？会影响到你的生活吗？
- 如果公司给你放一个月的带薪长假，唯一的要求是研究一个领域的问题，你会研究什么问题？
- 你在这一行有没有非常佩服的人？你主要佩服他的哪些方面？
- 我问你的部分先到这里，你有什么想问我的问题吗？

10.6 职业选择

1. 待遇的考量

不可否认，待遇体现的是公司对这个岗位的重视程度。金钱不是我们工作的全部目的，还有自我实现，但金钱是一把衡量价值的最有效的尺度。如果领导一边对你说这个岗位非常重要，另一边又只肯为这个岗位开出低于市场水平的薪资，那么这个岗位在领导的意识里可能没有他说的那么重要。

我们也要分开看待这个问题。如果你加入的是一家创业公司，待遇稍微低点，其实也可以理解，因为对于创业公司来说，只有节省成本，把每分钱都用在刀刃上，才可能活下来。再说了，你加入一家创业公司，很有可能不是奔着基本薪资去的，你看的是三年、五年甚至更长远的回报。但如果是一家成熟的大中型公司，也开出低的薪资，就说明这家公司根本不重视售前岗位。你在这样的公司，自然很难学到什么东西。

2. KPI 的考量

售前一直被看作技术岗位，而在 IT 公司中，技术岗位是不需要背市场 KPI 的。而近几年，出于激励售前积极进取的目的，一些 IT 公司开始让售前和销售一样，也背市场拓展的 KPI，并且把收入和 KPI 完成率进行挂钩。

如果你同时面对两个职位，一个需要背市场 KPI，另一个不需要，应该如何选择呢？你可能会说，肯定选不需要背 KPI 的工作。但这个问题其实没有确定答案，在选择时可以重点看两个因素：

第一，你自己的能力水平。如果你对自己的能力很有信心，笔者建议选择需要背 KPI 的公司，因为这样的职位通常回报也更高。

第二，你自己的风险承受能力。如果你刚有了孩子，还要还房贷、车贷，每个月都需要固定支出一笔不小的钱，受不了起伏太大的薪资支付方式，那还是应该选择不需要背 KPI 的公司。

总而言之，有能力、抗风险的人，可以奋力一搏；信心略有不足、风险承受能力较差的人，以稳妥为主。

3. 多久跳槽一次

多久跳槽一次？这个问题没有固定答案。如果你在一家公司干得顺利，领导重视，薪酬回报与你的贡献成正比，还有较大的升职空间，那一直干下去也是很好的。但是如果干得很不顺心，改变的机会也很渺茫，那还是应该尽快寻找新的出路。所以，间隔多久跳槽，这个问题不重要，重要的是必须知道跳槽的原因是什么、目标是什么，而不是为了跳槽而跳槽。

跳槽的原因可能有以下这些：

- 你在这家公司再也学习不到新的东西了。
- 你在这家公司的职业发展到顶了，无法给你提供想要的职业发展空间了。比如你觉得自己已经具备做管理的素质，但公司没有相应的职位提供给你。
- 你和直属领导之间产生了不可调和的矛盾，已经无法挽回了。
- 想继续做售前，但是想换个业务方向，比如从 ERP 转到大数据、人工智能，从制造业转到金融业，而你现在的公司中短期内没有这些新的业务。
- 你的薪资与你的能力严重不匹配，而公司无意为你加薪，你的价值被大大低估了。
- 公司的战略性项目投标失败，责任都推到你身上，被迫离开。
- 你的能力达不到公司的要求，被迫离开。
- 公司快不行了，已经发不出工资了。
- 自己的价值观和公司做的事情之间产生了严重的冲突，非常不认可公司现在做的事情。
- 你想换一个城市生活和工作。

等等。

分析完跳槽的原因，我们再来看跳槽的目标。其实跳槽的原因已经揭示了跳槽的目标，比如：你想换一条赛道，从传统的 IT 公司到提供 AI 解决方案的公司，你认为那才是未来的趋势；你想换一个城市工作和生活，那个城市有自己爱的人及更多的职业选择空间；你希望在职场上更进一步，外面恰好有一个主管的职位；你希望遇到一个赏识你的领导；你希望每个月能按时领到薪水；你想去一家创业公司体验创业的感觉，博取风险更高但可能更大的回报；等等。

现在有一种流行的说法：跳槽不是解决问题的方式，如果问题本身没有得到解决，跳槽不过是在一个新的环境重复过去的老问题罢了。笔者对这种说法持保留态度。的确，如果在一家公司干得不好，我们首先需要做的就是从自身找原因。但很多时候，我们工作的结果其实也受到客观环境的影响。主观因素和客观因素孰大孰小还不好说。换一个工作环境，也许能获得更加匹配自身能力的更好的结果。有的企业氛围轻松，大部分员工工作积极，有归属感，而有的企业，你只要一进办公室，就感受到空气仿佛都是凝固的，一派死气沉沉的景象。如果我们所处的环境完全不支持甚至会扼杀我们所做的事情，我们能做的其实非常有限。笔者认为，只要想清楚了自己跳槽的原因，想清楚了下一份工作的目标，尝试换一份工作也未尝不可。

但笔者不建议跳槽太过频繁。在IT行业，两到三年跳一次槽，用人单位一般是能接受的。这就要求我们在选择一份工作的时候，应该更加谨慎。

4. 如果面试失败了

没有什么是理所当然的。如果面试失败了，你需要尽快地从失败中走出来，把这场面试当作对自己的一次压力测试，通过对这次测试的复盘，你可以清楚自己身上还有哪些不足的地方。

如果你已经在售前的岗位上干了一段时间，即使暂时不想换工作，建议也定期去参加面试，测试一下自己是否还保有相应的竞争力。笔者的习惯是，每年都会作为求职者去参加一到两次面试，以获取市场对自己价值的认可，同时寻找自己身上的不足。

10.7 本章小结

研发、产品、运营，其实每一个岗位上都有大神级的人物。但如果你就是想做售前，那么请认真地阅读这一章的内容。

从技术转岗到售前，并非一道难以逾越的坎。如果公司内部有良好的流动机制，那就更加有利了。关注招聘要求，对比自己的能力模型，分析优势和劣势，想好未来的发展方向，利用好各种机会，小步快跑，快速试错，并且不介意从初级售前开始做起，可以帮助我们顺利地完成转型。

人生的每一次转折，最难的不是想清楚为什么要转、如何转，而是摆脱自己身上原有的惯性。这种惯性可能是思维的方式，也可能是做事的习惯，还可能是你遇到某个问题后产生的第一反应。读者可以使用本书中提供的建议，逐步摆脱路径依赖。

第 11 章
售前如何规划职业发展

关于投资的秘诀,股神巴菲特说过一句话:"投资就像滚雪球,关键是要找到足够湿的雪和足够长的雪道。"其实职业选择和投资一样,好的职业生涯可以不断累积和利用存量资源,并且足够长。幸运的是,售前就是这样一个岗位。

11.1 避免陷入事业的停滞期

一些售前在工作若干年后陷入了事业的停滞期,既不安于现状,又缺乏奋斗的动力和方法。我们先来看看一个陷入事业停滞期的售前在工作中是什么状态。

第一,被动工作,就像一个应答器,等待领导和销售的"召唤"。看上去每天都很忙,却没有分清楚不同工作的重要程度和主次关系,每天都在忙于救火,工作效率却不高。

第二,写方案全靠复制粘贴。以自己工作太忙为借口,写方案不思考,不去贴近客户的特点和需求,全靠过去的方案拆解组合,就像搭积木一样。

第三，连自己公司的产品都不熟悉，或者只限于文档，缺乏实际操作的能力。

第四，不主动去了解客户的业务和客户的独特性，导致方案千篇一律。

第五，沉迷于售前方法中的"术"，把话术当成自己的水平，把忽悠当成价值传递的手段。面对客户缺乏真诚，无法向客户传递真正的价值。

第六，视野狭窄，缺乏对行业的洞察。只关注自家的产品和解决方案，缺乏对整个行业上下游生态链、合作伙伴、竞争对手及国外先进产品和解决方案的学习与了解。

第七，放弃学习新技术。IT 行业日新月异，在变革的时代，过往的经验将会加速贬值。放弃学习，将很快落后于竞争对手。

以上七大特点就是一个陷入事业停滞期的售前的典型状态。这是一个温水煮青蛙的过程，也许三五个月还能在公司混下去，但只会让自己越陷越深，等到年龄大了，想要突破或者转型，发现自己的水平还和毕业一两年的同事差不多，再想奋发图强可能已经来不及了。

11.2　售前的收入

这可能是读者最关心的一个问题了。笔者也很想回答这个问题，但这并不容易，有以下四个原因：

第一，不同的城市薪资水平肯定有所不同，北上广深杭等城市和其他城市的差距是很明显的。

第二，不同公司对售前岗位的薪资结构设计也不一样，有些公司的薪资构成是固定薪资 + 年终奖金，有些公司是有项目签单和回款提成的。

第三，看具体公司高层对于售前岗位的重视程度。不能光听领导怎么说，更重要的是看公司怎么做。

第四，也是最重要的一点，要看你的水平处于岗位要求的哪一层。不同的水平，所处的层级不同，公司给的薪资肯定也有比较大的差异。初级售前的薪资普遍较低，因为你几乎无法为公司创造价值。到达资深售前阶段，公司会很倚重你，因为你能真正地为公司创造利润。

基于这些原因，所以没有办法回答售前的收入问题。但我们至少可以知道如何提高自己的收入。那么，在这个行业里，如果想拿高薪，应该怎么做呢？笔者总结了几点经验，供读者参考。

1）去一线城市，至少是新一线城市，具体来说去北京、上海、广州、深圳、南京、杭州、成都等城市，如果你安心待在二三线城市，那就不要抱怨自己的薪资低。

2）通过更高端的求职平台找工作，比如猎聘网、一些小众的内推圈子等。

3）换一种求职方式。最好是通过猎头的推荐进入一家公司。别人主动挖你，和你通过投简历获得面试机会，这是两种不同的求职形式，会呈现出你不同的价值，尽管你还是你，待遇很有可能会有比较大的差异。

4）多关注招聘信息。关注那些重视售前岗位的公司。怎么看出一家公司是否重视售前？看招聘信息上开出的薪资，这是最简单直观的判断方法。不同公司对售前的重要性认识是不一样的，这导致不同的公司对同一个岗位开的薪资差异很大。

5）去百度、华为、阿里、腾讯、京东、字节跳动等大厂应聘，同时准备好承担相应的压力。

6）如果想拼搏一把来追求财务自由，你可以考虑加入一家有希望的创业公司，拿较低的薪资，但是必须谈下来股权激励。和同事一起奋斗三五年，较小概率你能有一个非常理想的结果，较大概率会面临失败。市场上没有免费的午餐，更高的收益预期意味着必须要承担更大的风险。

7）去做人工智能、大数据、行业数字化转型等新兴业务的IT公司，尽量避免去传统的、老派的公司。

8）如果对自己的能力足够自信，去薪资与市场KPI挂钩的公司，不要去拿固定薪资的公司。

9）提升自己的水平。足够的技术积累之余，让自己尽快成为某一个行业的专家。

10）积累足够的行业影响力，扩大知名度，比如在行业论坛进行一些演讲，加入一些行业组织，做一些公益讲座等。

11）直接转岗到销售。如果你观察仔细，会发现一家 IT 公司里收入最高的永远是销售。他们拿着较低的基本薪资，但是整体收入处于公司的金字塔尖。这就是销售工作的吸引力。

你很可能无法全部做到这 11 项，但不要紧，也许你抓住了其中几个重点，就能得到一份不菲的收入。需要补充的是，有时候我们会遇到水平不如我们的人，拿着比我们更高的薪资，从而有一种愤愤不平的感受。但你要相信，短期来看，一个人的薪资高低可能有比较大的运气成分，但是从长期来看，一个人的薪资一定会回归均值，一定是和他的能力强相关的。

最后笔者想说的是，不能只关注薪资这一项要求，我们还需要看到，相比于 IT 行业的其他岗位，售前具备一个较大优势，就是相对来说职业生涯更具备可持续性。如果你是一名写代码的纯技术人员，技术水平还没有达到大牛的层次，35 岁以后真的很难找到合适的工作。但是如果你是一名优秀的售前，只要你保持持续精进，那么就像销售一样，你的经验反而会越来越值钱。换言之，售前的天花板比纯技术工作的天花板要更牢靠。这是因为纯技术工作只有一根柱子在支撑天花板，那就是技术。而售前至少有两根柱子在支撑天花板，一根是技术，一根是业务。因此，我们能支撑起一片更高的天空。这也是售前这份工作的吸引力所在。

11.3 售前成长之路

售前的成长之路大致可以分为五个阶段，分别是技术支持、初级售前、中级售前、高级售前、行业咨询顾问 / 售前团队管理，如图 11-1 所示。

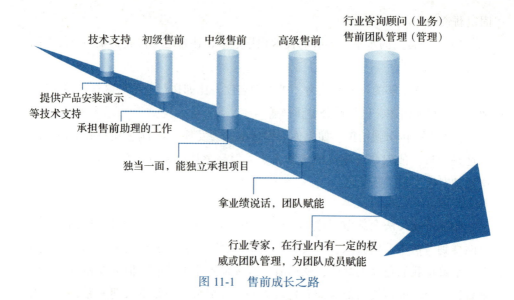

图 11-1 售前成长之路

作为一名售前，只要不断地修炼自己的内功，就能在这条道路上顺利地成长。下面对售前成长之路上的这几个阶段分别说明。

第一个阶段：技术支持。

严格来说，技术支持还不是售前，他的本职工作可能还是研发或实施，但是需要经常性地支持市场侧的工作，如客户现场产品的安装、调试、演示等。在能力上要求，技术支持非常熟悉公司的产品，有较强的动手能力，能把产品讲清楚，能够在各种环境下安装、调试、演示公司的产品。

技术支持的主要任务是观察和学习，观察成熟的销售和售前的做事情方式，并内化为自己的能力。

衡量一名技术支持工作成效的主要维度是对产品操作的熟练度，在客户现场不要出问题。

需要说明的是，技术支持并非售前成长的必经阶段，很多售前并没有经历过这个阶段。

第二个阶段：初级售前。

初级售前阶段，可能是在一家不大的公司里，做的是产品型售前。初级售前可以说是入了售前的大门了，需要对公司的产品优势、方案优势有所了解，能创作一份还过得去的解决方案。在其他售前顾不过来的情况下，初级售前也会出面完成售前交流的工作，但平时主要还是辅助高级售前，做一些力所能及的工作。例如，如果一个项目很重要又非常复杂，公司就会指派一名高级售前来负责这个项目，再让他带一两名初级售前，一方面是让后者帮忙做一些辅助性的工作，比如需求调研、文档编写、会议纪要、标书检查，与销售、高级售前一起见客户、参加方案交流等，另一方面也希望通过这种大项目的历练，让初级售前快速成长。

在初级售前阶段，不要太在意得失，多干点活没坏处，也不要过分在乎业绩。这个阶段的主要任务依然是观察和学习，观察售前高手是如何准备方案的，如何与客户沟通的，如何完成一次招投标的全过程，并且形成系统化的知识，用在自己身上，为快速成长为能独当一面的中级售前做好准备。

笔者这里分享一个技巧：最好准备个录音笔，把自己每次与客户的交流过程录下来。这样做的目的是每次交流结束后，通过一个小小的复盘，看看自己有哪些不足，以分析和改进。

衡量初级售前的主要指标是学习能力、快速成长的能力。

第三个阶段：中级售前。

在跟随高级售前学习一段时间后，领导会安排一些小项目给新售前，有意地让他们得到更多的锻炼。在经过一些小项目的历练后，售前可以负责公司里一些较大的项目，逐步得到领导、销售、客户的认可。当售前做到这一步，也就是独当一面的时候，就完成了从初级到中级的进化。

中级售前较初级售前来说，文档能力已经比较好了，汇报材料、PPT、行业解决方案等都有较大的提升，能够独当一面，公司也能放心地把一些项目交给他来独立运作。但这个阶段的售前仍然比较欠缺行业的业务知识，更多的工作还是只能围绕公司的产品和解决方案。

中级售前能够根据客户的需求提供恰当的解决方案，并能够独自拜访客户、做技术交流、向领导汇报等。在技术上，中级售前要做到被客户认可；在业绩上，中级售前可以配合销售签单。

中级售前要对行业趋势、客户需求、竞争厂商有全面的了解。对内能够做出提升产品竞争力的有益建议，对外能够从业务和技术角度发现或创造销售机会。

衡量中级售前的主要指标是业绩，必须要用业绩说话。

第四个阶段：高级售前。

在中级售前岗位上继续历练三四年，取得领导和同行认可的成绩；形成自己独特的售前方法论，能够提炼出一套知识体系，经常为同事赋能；对行业的发展、竞争对手的动向了如指掌，能见招拆招，甚至未卜先知；针对竞争对手，能一针见血地指出对方的软肋；对新产品、新技术、新理念及国家的相关政策等，时刻保持着敏锐的嗅觉，并能迅速理解消化，能与本公司的产品和解决方案联系在一起；能够创造出具有前瞻性、创造性的解决方案；能引起客户方大领导的注意，可以向客户方大领导汇报；除了面向市场的工作，还能对公司的产品规划提出中肯的意见，甚至能引领公司的产品研发；在公司内部有很好的资源协调能力，能跨部门地协调资源，共同完成一个复杂的任务。到了这个程度，你就已经是一名高级售前了。

在客户现场，高级售前是可信任的行业专家，是客户的朋友和老师。在公司内部，高级售前会经常在团队内部赋能，传授自己的售前经验和技能，公司会很放心地把标杆项目交给他来运作。

对于高级售前，同样需要用业绩说话。同时，他应该是整个售前团队的"老师"，除了市场端的工作，还要考查他对知识的整理与输出能力，也就是给团队赋能的工作成效。

第五个阶段：行业咨询顾问（业务）/ 售前团队管理（管理）。

如果说技术支持工程师还未入售前的门，那么行业咨询顾问已经超越了售前的范围，进入了一片更广袤的天地之中。

行业咨询顾问通常只深耕一两个行业，对于行业的动向了如指掌。优秀的行业咨询顾问在某种程度上能引领行业趋势，甚至改变行业规则。

很多人到了高级售前阶段就很难再进一步了，因为行业咨询顾问需要花费大量的精力去研究行业，而平时琐碎的工作会占用售前的大部分时间。行业咨询顾问需要的能力模型，与传统售前有相当大的差异。从高级售前过渡到行业咨询顾问，相当于跨越一道难以逾越的鸿沟。

如果不走业务这条路，而走管理这条路，也是一个比较大的转型。进入团队管理岗位后，你的绩效就不是由自己的产出决定的，而是由整个团队的产出决定的。售前团队管理一般有以下职能。

1）管理职能：负责团队日常管理、业绩制定和分配、团队激励、内外部协调等工作，对整体业绩负责。

2）产品规划职能：负责反馈市场需求，改善产品规划。

3）售前职能：大部分售前团队的管理依然不能脱离一线，会负责一些重点项目的售前工作。

11.4 如何突破成长的瓶颈

大多数人在一个领域工作几年之后，往往会进入个人成长的瓶颈期。售前这个领域也不例外。

这背后的原因并不复杂：当一个人刚开始进入一个陌生领域的时候，每天都有新的知识、技能要学习，一切都是新鲜的，这种新鲜感会让我们主动学习，外部的竞争压力会倒逼着我们学习，这个过程中我们取得的成长和进步是显而易见的。

可是，当我们工作几年之后，对工作内容都已经熟悉，就会发现自己能学到的东西变得越来越少了，我们自身也渐渐地停止了成长。

怎么办？有以下两种解决方案。

第一种方案：换一个环境。在公司内部换一个部门，或者干脆换一家公司。如果你在公司里一直做网络安全领域的售前，可以试着挑战一下大数据产品线、AI 产品线的工作。如果你一直服务制造业客户，可以试着在服务政府客户的部门里历练一段时间。另外，IT 公司也分不同类型，有的以硬件为主，有的以软件为主，有的是产品型公司，有的深耕某一行业，有的以系统集成业务为主，还有一类专门提供人力外包服务。当然，也有些小型的 IT 公司既无产品，也不固定在某一两个行业，而是在市场的间隙里顽强地生存。笔者建议如果有条件的话，可以在不同的公司都待一段时间，不断学习新的知识，让自己的能力得到全面的提升。

第二种方案：换一个方向。如果你真的在售前这条路上走得很远了，那么可以尝试换一个方向，比如管理、咨询顾问、培训、销售等。

通过这两种方式，不断地接触新的环境，学习新的知识，突破个人发展的瓶颈。

11.5 如何避免被边缘化

售前虽然也属于广义上的技术岗，但和研发等纯技术岗相比，两者衡量绩效的方式并不一样。研发等纯技术岗主要用完成功能模块的数量和质量来衡量产出；而售前和销售一样，通常用市场端的签单量和签单额来衡量绩效。

前面我们讲过如何利用客户分级、资源分配等方式最大化我们的产出，售前这个岗位和销售一样，也符合二八法则，20%的人为公司产生80%的效益。简单来说，就是大部分单子是少数几个人签的。

容易被量化的绩效评估方式，再加上客观上的绩效分布不均，让售前在面临考核的时候承受了比较大的压力。量化考核看似公平，但忽略了过程和背后的付出，所以简单的量化考核也容易带来一些问题。

同时，在一些公司高层的眼里，公司的重点部门永远都是销售和研发，售前只是一个支撑部门，一有风吹草动，售前这个岗位在公司里就比较容易被边缘化。

作为售前，在自身的职业发展过程中，我们要避免被短期的因素所左右，避免被边缘化。

从短期来看，大单具有一定的不确定性，和运气有很大关系。比如说你跟了一个大单一两年了，结果客户预算没到位，又推迟到明年了。又比如你可能刚到公司，被派了一个看起来机会不大的销售线索，恰好竞争对手出了点问题，结果中标了。面对这种情况，我们要理性对待。因为从长期来看，一个人长期的产出，一定是和他的能力成正比的。你今年的绩效可能不好，甚至明年也可能不好，但如果你的能力过硬，拉长时间线，从5年这个时间线来看，你的绩效一定不会差。这是一个非常简单的均值回归。

回到售前如何避免被边缘化这个话题。我们要避免被边缘化，就需要看淡短期的收益，把目光放长远，通过不断学习，在工作中修炼，把自己打造成对公司、对客户真正有价值的专家。做到这一点，就不需要担心被边缘化。即便这个公司不行了，你还可以去更合适的公司。

除了自身能力的持续打造之外，还需要注意公司所处行业的周期化问题。IT是一个日新月异的行业，前几年大热的理念、架构、技术，今年可能就无人问津了。遇到公司所处的行业进入低谷，公司如果不及时更新产品，很可能也会跟着跌入低谷，这个时候市场部门会首当其冲受到冲击，销售是必须要保留的，售前可能保留有限的几个人就可以了。正所谓"覆巢之下焉有完卵"。身处夕阳行业、快倒闭的公司，个人能力再强也发挥不出来。所以作为售前，我们不能只知道埋头做事，一定要抬头看路，要学会判断未来 3～5 年的发展趋势，顺应趋势，同时更新自己的知识体系，以便在新的市场格局中找到更适合自己的位置。

11.6 业务，业务，还是业务

笔者见过一些售前，他们技术过硬，为人真诚，也很细心沉稳，已经干了两三年还是保持在初级水平。究其原因，他们沉迷于技术，对客户的业务知识了解甚少，导致在售前工作中很难结合客户的业务场景去提炼方案的价值。这关键的一环没有补上，这个人无论做了多少年售前，永远都只是一名普通的初级售前。

因此，本节主要讲业务知识对于售前的重要性，以及我们应该如何快速地理解客户的业务。

11.6.1 你懂客户，客户才愿意去懂你

对业务知识的了解，是一名初级售前向行业高级顾问过渡的必由之路，一天都不能放松学习。我们要随时关注客户所在行业的历史、现状及发展趋势，国家相关的法律和规章制度，行业中领先企业的探索等，养成定期对行业、对客户的业务知识进行学习、梳理、更新的习惯。

客户买的不是一个产品，也不是一项技术，而是为业务服务的一个解决方案。简言之，我们的技术、产品和解决方案，需要帮助客户解决某一个业务痛点。所以，一个只懂技术的售前，对客户其实是没有什么价值的。行业里顶尖的售前都是业务层面的专家。

比如，面对一个房地产项目，如果每次都介绍我们的开发平台多么便捷、底层对云平台和大数据底座的适配能力多么强大，数据服务和数据引擎多么灵活、好用，监控、运维多么智能等，那么除了极少数技术专家外，估计别的客

户很难听得进去，尤其是客户方的高层和业务负责人。售前的重点应该是讲大数据服务、讲场景：在拿地阶段数据中台可以为客户解决这个板块是否值得进入的问题；在验房交房阶段可以为公司提前发现一些交房风险，避免损失；在物业服务上如何提升业主的满意度，提升客户缴纳物业费的积极性；在营销上如何打造智慧案场，通过精准营销和服务提升销售转化率；在公司内部，如何利用大数据服务进行跨域的数据分析、数据共享，如何利用大数据进行供应商质量评估、内部反舞弊；等等。讲清楚这些应用场景后，再告诉客户，要实现这些场景，必须要先建设数据中台，数据中台是这一系列场景的底座，客户要的是这个底座之上的业务化场景。

以笔者的亲身经历来说，售前不懂业务不可怕，毕竟没有谁天生就是行业的业务专家，但只要肯学习，愿意以开放的心态向专家请教，再结合自己对平台、产品的理解，在实践中不断成长，一样可以成为客户信赖的行业专家。

总结一下，懂技术、懂产品是懂自己；懂业务是懂客户。只有懂客户的人，客户才愿意"懂"你。从初级售前开始，如果要在售前这条路上走得长远，一步步地成长为中级售前、高级售前、行业咨询顾问，你就必须让自己成为一名业务方面的专家。

11.6.2 比客户更懂客户的业务

读者读到这里可能会说："我再怎么懂客户的业务，怎么可能比客户更懂他自己的业务？在客户面前充专家，那不是关公面前耍大刀吗？"其实很多人都被"专家"这个名头吓住了，认为自己永远不可能成为专家。在笔者看来，这部分读者面临着三个困惑。

第一个困惑，有很多的日常工作要做，哪里有那么多时间去学习，慢慢地修炼成为一个领域的专家呢？

第二个困惑，深入、系统地学习一门知识，作为自己的立身之本，当然很有必要。但我们身处一个时刻变化的世界，当你真的掌握了一个领域里的大部分知识后，回过头来才发现自己掌握的东西已经没有用武之地了，因为旧的知识已经被迭代了。那么问题来了，知识层出不穷，客户的业务千变万化，我们如何能学得过来？

第三个困惑，无论我们怎样努力地学习客户的业务，大概率来说永远都不可能比客户更懂他自己的业务。客户天天对着自己的那一亩三分地，而我们要面对那么多不同的客户，怎么可能比客户更懂他自己的业务呢？

如何解答这三个困惑？财新网的总编打过一个比方，过去的专家是知识的"农耕民族"，自己在自己的一亩三分地上精耕细作。但现在，我们步入了"游牧民族"时代，在知识的原野上，哪里水草丰美，就应该往哪里迁徙。

他还提出一个著名的"二八法则"，就是用20%的时间快速掌握一个新领域80%的知识。这个说法听起来离经叛道，但在现实中，我们可能不得不这样做，才能适应社会对我们的要求。

要让这个"二八法则"在自己身上成立，就必须使用巧妙的方法，掌握一些工具的使用。尤其是售前，接触客户往往都具有一定的突发性，更需要把"二八法则"运用好，快速地了解客户的业务。下面笔者分享一下如何快速地搞懂一个行业，以及如何快速地了解客户的业务。在这些方法中，读者都能发现背后的"二八法则"，即问出那正确的20%的问题，找到这些问题的答案，就搞懂了这个领域80%的知识。

11.6.3　如何快速地了解一个行业

在短短几天之内摸清楚一个行业是"不可能"的任务，但是你可以了解这个行业的全貌，即它的过去、现在面临的挑战及未来可能的发展趋势；行业里有哪些大牛，他们做了什么；行业里有哪些行话，是什么意思；行业里最近有哪些新闻，大家都在谈论什么。

我们依然使用咨询公司的方法，因为咨询公司早已为我们提炼出了成熟的方法论。既然河面上已经搭好了桥，我们也就没必要再摸着石头过河了。我们可以从几个关键问题着手，这些关键问题围绕着一个根本问题：这个行业的链条是如何运转起来的？这些问题包括：

1）这个行业的存在是因为它提供了什么价值？
2）这个行业从源头到终点都有哪些环节？
3）这个行业的终端产品售价都由谁来制定？
4）每个环节凭借什么关键因素，创造了什么价值获得应得的利益？
5）谁掌握产业链的定价权？
6）这个行业的市场集中度如何？有哪些领头羊和哪些跟随者？
7）国外和国内对标的企业有哪些？
8）行业里有哪些监管措施？
9）行业现在和将来面临哪些冲击？
10）驱动这个行业变化的因素是什么？

获取这些信息的渠道包括投资机构的行业报告、咨询公司的分析报告、行业交流网站或论坛的热门帖子、业内企业的培训课件、行业展会或者论坛、从业者的私下交流、网络上该行业的相关新闻等。

知道了该从哪些渠道去研究一个行业，作为一名售前，我们首先要确保自己不乱说话。如果自己还没有深入行业里，不要急于在客户面前表现自己，否则，客户一旦认定你只是个"半瓶水"，就没有"然后"了。

在这个基础之上，接下来我们可以分三步走。

第一步是扫盲。在网上大量阅读这个行业的新闻、研究报告等，对这个行业有一个初步的认识。画一张这个行业的全景图出来，包含上述10个或更多的问题。这些问题我们未必都能回答得非常全面，可以暂时留白，留待下一步来回答。

第二步是让自己进入这个行业，借助专业的力量回答上一步不能回答的问题。

如果有可能，参加行业沙龙与专家对话，请教问题，提出自己的观点，也可以找行业内的从业者聊天。这些场合毕竟不是面向客户，有犯错的余地。通过对重点问题的深入研究，把第一步的全景图补全。

第三步是争取提出令人眼前一亮的观点。

理解这个行业当前的痛点，提出创新的、可信的解决方案，重要的是你的解决方案和市场上流行的观点相比，既是有差异的，又是令人信服的。

11.6.4　如何快速地了解一家企业的业务

要快速地理解客户的业务，我们需要学习咨询公司的成熟方法。有人很惊讶咨询顾问好像什么都懂，但事实上，咨询顾问是通过训练有素、行动得法的工具和方法为客户解决问题。那么，怎样像咨询顾问一样，迅速切入客户行业，构建高效的沟通桥梁呢？业界有领先的咨询公司创造了快速了解客户业务的七步法，下面分别来阐述这七个步骤。

第一步，行业，准确定位客户所在的行业。这是理解客户业务的关键第一步。准确定位了客户所处的行业，一些行业共性的知识就能派上用场，同时行业内的标杆企业和最佳案例也就呼之欲出。

第二步，战略，理解客户的发展战略。深刻理解、准确表达客户的发展战略，有助于拉高交流的层次，构建对话的基础，同时也有助于我们的解决方案嵌入客户的发展战略，在客户内部更容易得到认可。

第三步，业务，理解客户的业务发展模式。客户的业务发展模式可以简单地理解为"客户靠什么在市场上立足、发展、赚钱"。理解客户的业务发展模式，是为了让我们的方案更加贴合客户的业务，为客户的业务发展助力。

第四步，产品，了解客户的产品体系。客户有可能为社会提供有形的产品，也有可能提供无形的服务，这里统称为产品。了解客户的产品体系，掌握相关的数据，有助于我们进一步深刻地理解客户的业务。

第五步，流程，摸清客户的运营流程。了解客户作为一个企业，平时是怎么运营的。我们的解决方案要如何嵌入和改善现有的运营链条，发力点在哪里，阻力点在哪里。

第六步，管理，摸清客户的管理架构、企业文化等。客户现有的管理模式中，有哪些是通用的，哪些是客户特有的，客户为什么这么设置，目前管理工作中有哪些痛点，我们的解决方案能否解决或者缓解这些痛点。

第七步，方案，结合客户的需求，创造超越客户期望的解决方案。

除了以上七步，还可以通过阅读客户的宣传材料、访问公司的官方网站、了解客户所服务的客户的典型案例、阅读客户方的财务报告、实地调研、从第三方侧面打探等方式，快速地了解一家企业的业务。

11.6.5　如何快速地了解一个政府部门的业务

如果你所在的公司主要是服务政府行业，那么很有必要了解所服务的政府部门的业务。根据笔者的学习心得，可以从以下维度快速了解一个政府部门的业务。

第一，了解该部门的基本职能。政府肯定不会随随便便地设立一个部门，每个部门都有其主要的职能。了解一个政府部门的基本职能很简单，从官网上就可以快速查询到。比如，中华人民共和国应急管理部的主要工作职能如下：

组织编制国家应急总体预案和规划，指导各地区各部门应对突发事件工作，推动应急预案体系建设和预案演练。建立灾情报告系统并统一发布灾情，统筹应急力量建设和物资储备并在救灾时统一调度，组织灾害救助体系建设，指导安全生产类、自然灾害类应急救援，承担国家应对特别重大灾害指挥部工作。指导火灾、水旱灾害、地质灾害等防治。负责安全生产综合监督管理和工矿商贸行业安全生产监督管理等。公安消防部队、武警森林部队转制后，与安全生产等应急救援队伍一并作为综合性常备应急骨干力量，由应急管理部管理，实行专门管理和政策保障，采取符合其自身特点的职务职级序列和管理办法，提高职业荣誉感，保持有生力量和战斗力。应急管理部要处理好防灾和救灾的关系，明确与相关部门和地方各自职责分工，建立协调配合机制。

应急管理部下面又设有应急指挥中心、防汛抗旱司、科技和信息化司、地震和地质灾害救援司等机构，每一个下属机构的职能同样可以很方便地从官方网站上查询到。

了解该部门的主要职责是我们了解政府部门业务的基础。

第二，了解国家和省市的相关政策、法律法规、领导讲话。政府部门的信息化建设，其推动力往往来自于国家的相关政策、法律法规、领导讲话等。以大数据管理部门为例，国家先后有数十个相关的发文。除了国家层面的发文，各个地方政府的部门也会有相关的发文。比如，各地方政府均有当地的政务信息资源共享管理的相关政策文件。作为政府行业的售前，去见客户之前，一定要先研究这些政府文件，清楚当前的项目是在哪一个文件指导下的产物，否则就和客户没在一个频道上，无法正常地沟通。

第三，了解该部门常使用的一些术语。仍以大数据管理部门为例，你可能经常听到像"公共数据资源""东数西算""一体化大数据中心""城市大脑""政务数据共享交换平台""兴政、利企、惠民""秒批""一窗办理""一网统管"等专业术语。我们作为售前，必须要清楚这些术语背后的含义，才具备与客户交流的基础。

11.7 售前如何写年终总结

笔者在写本书的时候，曾经征求过周围同事和朋友的意见，问他们最想看到什么内容。动笔之时，正临年终，一位同事半开玩笑地对我说："今年工作很努力，自己也有成长，想让公司领导看到我的努力，我的年终总结应该怎么写啊？你能讲讲这方面的知识吗？"

笔者是从售前技术支持开始，一步步走上管理岗位的，既有向上汇报工作的经历，也有审阅下属年终工作总结的经验。既然读者对这部分经验比较感兴趣，我就试着用自己的理解回答一下这个问题。

第一，明确一点，年终总结是写给谁看的。不是写给自己看的，而是给领导看的，让领导了解自己这一年的工作内容、工作成果、当前的工作状态、有了哪些成长及对未来一年的职业规划。所以，年终总结一定不要站在自己的立场去写，写成表功文、诉苦文，一定要站在领导的角度去写。站在领导角度写年终总结，不是一味地给领导拍马屁，领导喜欢听什么我就写什么，而是要看领导最关心什么。

第二，写清楚工作内容，但是不要啰唆。写清楚支撑了哪些项目、投入了多少工作时间就可以了，不需要每个项目都深入细节，领导没有时间，也不关心每个项目的细节。客观地把项目列出来即可。

第三，写清楚做出的市场贡献。把每个成功的项目、最终落单时间和项目金额写上去，最后要有一个汇总。

第四，写清楚做出的其他方面的贡献。比如对公司知识库建设的贡献、对其他售前和销售的友情支撑、帮助公司面试新人、培养新人等。

第五，写清楚你对自己过去一年成长的总结。哪些方面做得好，哪些方面做得不好，对于过去一年做得不好的地方，写清楚你的改进计划，态度要诚恳，让领导知道你是个不断反思、追求进步的员工。

第六，不光要总结过去一年的工作，还要展望未来一年的规划。以工作上的规划为主，如果有职业发展上的想法，也可以借此提出。

第七，写清楚你在哪些方面需要领导的帮助。比如如果你的主要工作是大数据解决方案，明年想去参加一个数据治理的培训和认证，以便在数据治理领域变得更加专业，可以请领导支持。

第八，别忘了感谢领导的关心和帮助，表达一下来年肯定干好的决心。

售前写年终总结还需要注意以下几点：

第一，年终总结不要太长，领导不只看你一个人的，他要看所有下属的。建议控制在 2000 字以内。如果你确实有很多心里话要说，在年终总结里提一下，然后单独约领导面对面地交流。

第二，不要在年终总结里吐槽同事，领导在你的年终总结里只想看你的工作状态，其他同事的工作状态，领导自会从其他同事的年终总结里去寻找答案。

第三，更不要在年终总结里吐槽公司、某个部门或某位高管。领导比你更清楚公司存在的问题，如果是和你的工作相关的问题，你可以温和地提出建议，但是一定要注意用词。

第四，不要在年终总结里大吹大擂。对自己的成绩一定要有一个客观的认知，毕竟你的成绩再好，也不可能超过团队整体的成绩。领导是基本清楚团队里每个人的贡献情况的。如果今年你的业绩真的非常出色，别忘了提一下这些功劳里同样有其他同事的重要贡献和帮助。

有些公司要求员工必须提交年终总结，有些公司没有这种规定，但是笔者强烈建议，即使公司没有要求你写，你也要认真地写一份年终总结，并正式提交给领导，如果实在不擅长写年终总结，那么可以约领导单独聊一次。这是一种积极的工作态度，更是一种职业素养。

11.8 本章小结

本章详细地阐述了售前应该如何规划职业发展，包括如何避免陷入事业的停滞期，售前的成长之路，如何突破成长道路上的瓶颈，如何避免被边缘化，如何快速地掌握客户的业务，以及如何写年终总结，当然还有读者最关心的，售前的薪资前景究竟如何。

希望这些观察和经验，能够帮助读者准确地评估自己处于成长之路上的哪个阶段，并合理地规划自己未来的职业生涯，在成长的道路上一路披荆斩棘、乘风破浪。

第 12 章
咨询顾问与售前

虽然有些公司把售前叫作咨询顾问，但本质上来说，咨询顾问和售前是两种差异比较大的职业，其能力模型也有比较大的差异。售前有可能往咨询顾问方向转型，因此笔者把咨询顾问的内容也放到本书中。

12.1 咨询顾问的分类和工作内容

1. 分类

咨询工作大致可以分为三类：管理咨询、运营咨询、IT 咨询。售前转型的方向通常是 IT 咨询。

管理咨询是从企业业务战略和市场战略开始的，后来又逐步发展到了包括财务、人力资源、销售和营销、供应链管理、风险管理等企业运营领域；20 世纪 90 年代后，以信息技术为手段来实施运营流程，成为企业变革方案落地的主要形式，运营咨询应运而生。

管理咨询和运营咨询是工业化社会的产物,它帮助客户解决管理与企业运营过程中的问题,如公司战略目标、市场竞争分析、管理制度的优化、业务流程再造等;而IT咨询是信息社会的产物,它解决的问题是从人工管理到信息化管理的方法论、软件工具。IT咨询顾问是接受客户委托,运用科学的咨询理论与方法,调研、分析企业的业务需求,结合IT现状,前瞻性地提出技术优化方案的专业人员。

传统的管理咨询一度受人诟病——只出方案,不负责落地实施,被戏称为"卖PPT的"。然而,近年来,管理咨询的商业模式越来越发展为结果导向,甚至有些咨询公司的宣传口号就是"为结果负责"。这其实是市场倒逼传统管理咨询向企业运营咨询、IT系统咨询转变。

客户往往希望出钱购买咨询服务时能事半功倍,例如,希望干IT咨询的搞定组织变革,希望干管理咨询的搞定运营落地,虽然咨询公司可以协调顾问资源,组成一个综合团队来落地客户的期望,但是纯干IT咨询的肯定干不了战略。所以,购买咨询的企业需要抛弃幻想,请对公司找对人。

站在乙方的角度,要认清自己的定位,不要大包大揽,把客户的期望拉到很高,最后却无法落地,但同时也要提升自己的综合能力。对于公司来说,要开辟各个层次的业务线;对于个人来说,不一定能胜任战略咨询,但是至少要懂一些企业战略。

2. 工作内容

IT咨询顾问平时主要做些什么呢?其实不同的IT咨询顾问,其工作内容也是有所侧重的。有的偏重于IT规划咨询,有的主要负责IT流程咨询,还有的为客户提供数据治理咨询,不一而足。一般而言,IT咨询顾问的工作内容具体如下:

1)跟踪和分析行业发展趋势。

2)理解客户需求,接受客户咨询,将商业需求转化为技术语言,提炼成解决方案。

3）负责重点业务的前期调研、规划设计和战略研究，编制可行性研究报告和解决方案。

4）进行技术交流、需求调研，撰写和宣讲技术解决方案，深挖客户需求与公司能力的结合点。

5）结合客户的战略发展规划，提出客户的 IT 规划建议。

可以看出，与售前相比，IT 咨询顾问的工作内容已经发生了比较大的变化，离具体的产品似乎更远了，而更贴近客户的业务，因此，IT 咨询顾问需要深刻地理解客户的战略、架构、管理、流程、数据等，以及行业的现状与发展趋势。

12.2　咨询顾问与售前的区别

售前与咨询顾问之间的差异可以总结为以下几点。

1）从定位来看，售前更偏向技术和产品，而咨询顾问更偏向业务和管理。

2）咨询顾问通常在专业的咨询公司工作，国际上非常知名的如麦肯锡、德勤、埃森哲等咨询机构，而售前一般在专业的 IT 企业里工作。当然，现在一些大的 IT 公司也开展咨询业务，如华为、腾讯、百度等有专门的 IT 咨询部门。

3）咨询顾问是为了找出问题，诊断问题，并给出可能的解决方案建议，通常来说咨询顾问是不预设前提的；而售前是结合软件产品给出解决问题的方法。咨询顾问受到的限制要小一些，而售前是在给定的条件下思考问题，限制很大。

4）咨询顾问给客户的印象更多是行业内的专家学者，是参谋，是老师；售前一不小心就滑到"推销员"的印象中去了，当然，这是我们要尽量避免的。

5）咨询顾问可以和客户讨论解决问题的方法，软件理想状态下应该具有什么功能；而售前只能帮助客户解决需求、实现功能等。

6）咨询顾问可以超脱一些，也就是俗话所说的务虚一些；而售前必须很现实，在现有的框架下去想问题、解决问题，售前提出来的解决方案必须具有可落地性，因为售前的下一步是交付。

7）一般来说，咨询顾问只为自己的方案质量负责；售前不仅要为方案负责，还要为软件功能是否强大、是否易用等负责。

8）一般来说，咨询顾问的薪资要比售前高不少。如果能进入国际知名的咨询公司，那就更加可观了。

12.3　如何顺利地从售前转到咨询顾问

售前转咨询顾问并不是一条坦途，过程中会面临很多压力，如缺乏企业管理和企业运营知识，不了解咨询方法论，等等。如何克服这些困难，顺利地完成转型？笔者认为，应该从以下两个方面提前准备。

第一，思想上做好准备。思想上的第一个准备是你必须对自己非常诚实。有些人转型是因为发现自己真正适合的是做另外一件事情；有些人转型是自己当前的职业发展已经到顶了，很难再百尺竿头更进一步，于是换一个赛道；而有些人转型是因为在这个行业或者这家公司里干不下去了。无论是哪一种，都是转型的正当理由。但是一定要对自己诚实，不能欺骗自己。诚实的价值在于看问题不易变形。它能让你对未来看得更加清楚，对自己的选择更加自信，让你的行动更加贴合实际、更加有力。思想上的第二个准备是充分认识到转型的不易，为失败做好准备——一旦转型失败，确保自己还能回得去。孤注一掷的赌徒心态并不适合职业选择。

第二，行动上做好准备。你至少应提前两三年向自己找准的方向努力，并且开始积累相关的能力和资源。首先是能力的积累，投资自己，积极地学习相关领域的知识，有必要的话，获取这个行业的权威认证，确保自己基本具备转型后的工作能力。其次是资源的积累，充分利用好自己建立起来的人脉和影响力，助力自己成功。比如说你可以参加一些行业的论坛，利用网络、写作等机会建立起个人的品牌，等等。

12.4　独立顾问是个什么职业

独立顾问不依赖于某一家特定的公司，而是依靠自己的专业能力在行业内

"即插即用"，工作时间相对自由。有些读者可能会认为这种模式很不靠谱，收入无法保障。但其实这主要看独立顾问的水平、行业影响力、职业素养等。万事开头难，但如果你能坚持一两年，有几家固定合作的公司，你的独立顾问之路就会步入正轨。

如果读者对自己的水平和行业影响力有足够的自信，在不影响正式工作的基础上，不妨尝试一下这条路。要是走出来一条康庄大道，也提供了一个新的转型选择。

12.5 本章小结

本章旨在让读者看到售前这条职业发展道路上的可能性，毕竟拥有选择权的人生才更幸福。

咨询顾问只是售前的一种可能的转型方向，我们完全可以转型成管理者、销售、产品经理、项目经理，甚至做一辈子售前，都是没问题的。只要适合自己，收入有保障，做得开心，领导和客户认可，就没必要给自己太多的限制。

# 第 13 章
售前需要终身学习

IT 行业可能是技术更迭速度最快的行业，新技术、新名词、新概念、新业务层出不穷，需要从业者一直不停地学习，不断更新迭代自己的知识结构。不会学习的，学习速度慢的，体力、精力跟不上的，都无法在这个行业长久坚持下去。

相对于 IT 行业里别的岗位来说，售前对知识的广度有更高的要求。其他岗位的人都可以说自己只懂某一方面的技术或业务，唯独售前岗位的人不能这么说。

本章将简要介绍 IT 行业的一些发展趋势，既有技术相关的，又有业务相关的，希望对读者有所帮助。

13.1 大数据

大数据技术源于互联网，尤其是移动互联网。互联网产生了海量的数据，导致传统的数据处理软件无法很好地支持。这也意味着大数据阶段，无论是数据存储还是加工计算等过程，与传统的关系型数据库所用到的处理技术完全不同，大数据带来了 Spark、Flink 等计算框架。

随着社会的发展，数据指数型增长，对数据处理和查询分析的要求越来越高。为了适应这种趋势，大数据技术的发展迅速，许多新的数据计算框架和查询分析引擎不断涌现。近些年，像图数据库、ClickHouse 等技术非常热门。

在笔者看来，大数据未来有这样几个发展趋势。

第一，数据隐私和数据安全会被放在越来越重要的位置上。现在人们越来越重视自己的数据隐私，国家把数据主权提到了战略高度，组织越来越重视数据共享过程中的安全保护，数据隐私、数据安全相关的立法刻不容缓，大数据相关技术、架构的演变也会在这方面有所体现。以联邦学习、同态加密、差分隐私等技术为基础的隐私计算，数据安全、数据确权、可信数据共享等，会被放在越来越重要的位置上。近两三年，隐私计算领域的创业公司频频获得大额的投资。隐私计算给大数据变现打开了一扇窗户，在越来越注重数据安全的大背景下成了推动数据要素流动的核心技术手段，其应用已经从探索走向了真正的商用。但笔者判断由于技术发展太快，立法可能会落后于技术发展。另外，由于超级互联网巨头对数据的垄断，用户在自身隐私数据保护和数据权益上处于弱势地位，中短期内可能无法改善。

第二，数据会继续爆炸性地增长，并且增长速度只会越来越快，尤其是非传统的结构化数据，如视频数据等。在这种现实下，边缘计算架构会更加普及，因为现实中你把如此多的数据全部放在数据中心来计算，无论是存储还是算力都会显得不足。未来的数据存储和计算架构，应该是"边缘+中心"结合的架构。

第三，人们会越来越重视数据的治理，如果说前 10 年是数据应用的黄金时代，今后 10 年一定是数据治理的黄金时代，因为人们越来越认识到数据质量、数据的可信性、数据是否可追溯等，这些都是发挥数据价值的基础，与数据应用一样重要。

第四，AI 会"反哺"大数据的处理。之前大数据一般是作为 AI 的输入，把算法模型"喂养"得更加健壮，今后 AI 的能力会逐渐用到数据的清洗、数据质量的自动识别和修正等数据治理领域。数据治理传统上是一个"脏活、苦活、累活"，AI 的赋能会大大地减少人力的投入，为数据治理插上翅膀。

第五，厂商的大数据技术领先的势能会越来越小。过去谷歌因为发明了 HDFS 和 MapReduce，就比别的厂商领先一大截，它的在线搜索和在线广告比别的厂商效率高很多。今后这种机会越来越少，大数据技术真正地开始普惠社会。近几年流行的大数据技术的原理并不复杂，很多公司都能很快掌握。未来大数据要体现出价值和优势，更多的时候依靠的是商业模式的创新，其中又尤其体现在应用场景的创新上。在技术上，开源依然是未来大数据技术的主流。

第六，云计算的成熟给数据库技术带来了颠覆。传统的一套 Oracle 关系型数据库包打天下的模式被彻底颠覆了，现在用户在云上更愿意选择专用的数据库，因为他不需要去购买、部署、维护，只需要购买云服务厂商提供的专用数据库资源就可以了，大大减少了前期投入的成本。比如，在 AWS 上就有各种各样的数据库供用户选择。换言之，云计算的成熟极大程度地降低了用户大数据技术的运用成本，并提升了业务灵活性。

第七，基于知识图谱的大数据和人工智能应用将会日渐普及。知识图谱是一种基于图的数据结构，由节点和边组成。在知识图谱里，每个节点表示现实世界中存在的实体，每条边表示实体与实体之间的关系。知识图谱把不同种类的信息联系在一起，得到一个关系网络，从关系网络角度分析问题，在很多的实际场景中都有广泛的应用。例如分析企业和个人的社会关系网络，分析事物的时空轨迹，能提供关联信息的全文检索，等等。对企业、个人和组织来说，在进行数据挖掘、模型构建的时候，知识图谱已经成为很多应用场景的重要支撑。可以说，组织的数字化转型将会从数据驱动转变为数据与知识的双轮驱动。

第八，湖仓一体的架构越来越流行。进入互联网时代后，数据量呈现井喷式增长，数据类型也变得异构化。受数据规模和数据类型的限制，传统数据仓库无法支撑起互联网时代的存储和应用需求，数据湖的概念应运而生。相比于数据仓库，数据湖是一种不断演进且可扩展的大数据存储、处理、分析的基础设施。而兼具数据仓库和数据湖的优点的一种新型架构就是湖仓一体。有人打了一个比喻，说湖仓一体类似于在湖边搭建了很多小作坊，有的负责数据分析，有的运转机器学习，有的检索音视频等，至于那些数据源和流都可以从数据湖里轻松获取。湖仓一体的大数据计算框架将会持续地升级，变得越来越好用，并带来更多有价值、有想象力的场景应用。

大数据技术日新月异，各种新理念、新技术层出不穷，笔者也只能窥知一二，希望能起到抛砖引玉的作用。

13.2 人工智能

人工智能的革命被认为是可以媲美第一次工业革命的伟大变革，这个领域的热度无须多言，大家都不陌生了。笔者主要谈谈未来可能的发展趋势。

在技术领域，可能会有以下几个变化。

第一，可解释的人工智能。长期以来，人们一直将AI视为一种黑盒式的系统建模方法，它的运行方式很大程度上是未知的。随着研究者设计出更多的可解释性方法，且越来越多的AI供应商将这些方法加入自己的产品，人们会更愿意将AI创新纳入自己的工作范围。

第二，可迁移的机器学习。长期以来，困扰人工智能发展的一大原因就是模型往往只能在一个特定领域里适用，当我们进入一个全新的领域时，不得不构建新的训练模型。当前机器学习主要分为两种，即有监督学习和无监督学习，而可迁移机器学习的发展，很大程度上促进了无监督学习的进步，使得人工智能可以朝着其被设计的初衷，即解放人力、简化生产的方向发展。不过，可迁移学习作为一个新兴的研究领域，还很年轻，基础理论研究还不成熟，值得我们进一步研究。

在商业领域，人工智能会找到越来越多的应用场景。近两年，人工智能除了已经深入运用在广告、电子商务、金融、交通、医疗、安防等领域之外，还在大举进军更多的社会领域，如社会治理、教育、碳中和、减灾救灾等。新需求、新场景、新服务的不断涌现，将会大大推动人工智能的普惠程度。可以说，人工智能将会颠覆和重构现有的大多数行业。

人工智能对个人的影响也会越来越大，比如基于可穿戴设备的身体状态追踪，可以及早提醒我们注意身体状况的变化，无人驾驶汽车将会赋予我们更多的时间和精力去做更有意义的事情，我们将会接受更加精准的教育和医疗服务，等等。但人工智能带来的不利影响也是显而易见的，比如，要享受精准的服务，很大程度上意味着要放弃个人隐私。又如，在不远的将来，人工智能将取代许多种职业，这已经是被谈论很多的灰犀牛事件了。但笔者更为担心的是，在人工智能时代，我们每个人都被看作一台计算机和许多数据，人被物化、被工具化。据媒体报道，亚马逊使用腕带、热像仪、安全摄像头和录影设备等对物流与门店的员工进行监视，如果员工在上班期间出现较长时间没有工作的情况，或者 AI 判断员工工作效率不达标，程序会自动进行警告，甚至绕过主管直接解雇员工。更不用说在很多互联网公司里，我们不过是广告商眼里的一串串数据罢了。人工智能对个人工作和生活的深度入侵，可能最终导致个人意义的消解，带来的影响将是非常巨大的。

13.3 云原生

云原生是最近几年 IT 行业谈论特别多的一个概念，这个概念最初是由 Pivotal 公司的 Matt Stine 在 2013 年提出的，2015 年 Google 发起 CNCF（Cloud Native Computing Foundation，云原生计算基金会），很快将云原生的概念发扬光大。

云计算已经出现十几年了，在大家的印象中，基于云的各种基础设施已经非常完善了。那为什么云原生又出现了？它和传统的云计算有什么差异？这要从云计算的发展历程说起。云计算的发展历程大致可以分为三个阶段。

第一个阶段：前云计算时代。

在前云计算时代，说白了就是没有云计算这个概念的时候，是硬件厂商的天下。所有的客户都必须购买一大堆硬件、网络设备，把业务部署在自己的机房里，并且由自己来维护。这个时代的巨头是 IBM、甲骨文、Dell、SAP 等公司。

第二个阶段：云计算过渡阶段。

2006 年，亚马逊网络服务的亮相标志着人类正式进入云计算时代。亚马逊获得成功之后，很快微软就推出了自己的云计算平台 Azure，谷歌也推出了自己的云平台，市场形成了云计算的"三巨头"。在接下来的十来年时间里，各个 IT 公司纷纷将产品和服务迁移到云端。

在这个向云计算过渡的时代，为了迎合客户复杂多变的需求，同时存在多种云平台，包括内部的私有云、大型公有云平台以及混合云环境。此外，移动技术和云计算技术相互促进，孕育出了像 Instagram、抖音、Uber 等全新一代的应用，这些应用在诞生之初就架构在云平台之上，而这在之前是不可想象的。

第三个阶段：纯云计算时代。

现在主流的云计算公司已经超越了云计算过渡阶段。它们提供的是纯云服务，这意味着它们提供的服务是云原生的。第二个阶段的云计算平台更像是提供虚拟主机服务，但云原生是从第一行代码开始，重新构建一个与传统的云计算平台不一样的、全新的计算平台，这种计算平台可以最充分地利用云计算、存储和网络的优势。

我们为什么要超越云计算的第二个阶段，提出云原生这个概念？因为云原生的软件与在云计算过渡期间形成的软件有微妙但重要的区别。在云计算过渡期间开发的软件采用的是混合基础设施堆栈，是为了在静态环境中的内部运行而开发的，最后再移植到云上运行。从本质上讲，把云计算、存储和网络当作由第三方运营的内部堆栈。相反，基于云原生开发的软件实现了计算、存储和网络的逻辑分解，意味着它可以最充分地利用云的内在弹性。

云原生具有以下三大特征。

1）容器化封装：以容器为基础，提高整体开发水平，形成代码和组件重用，并作为应用程序部署的独立单元。

2）动态和自动化管理：通过集中式的编排调度系统来动态地管理和调度。

3）面向微服务：明确服务间的依赖，相互解耦。

此外，云原生强调自动化以提升开发效率和运维效率。

用一句话来形容云原生，即"基于容器化，重塑一切云上基础设施"。

总结一下，云原生不仅是一个管理理念的集合，更是组织架构和IT系统架构的升级组合，从底层技术来看，不管是敏捷基础设施、微服务还是管理相关的 DevOps 和持续交付，都是为了快速推出自己的服务，以及对各种应激反应做出及时的决策，帮助企业快速适应市场和业务的变化。基于云原生的 SaaS 产品，落地更容易、使用更便捷、弹性更大，是未来的大方向。未来优秀的企业，从 IT 底层架构到向客户直接交互的前端服务，全都要基于这样的管理理念来重组。

13.4 DevOps

DevOps 是一个合成词，由开发（Developments）和运维（Operations）两个单词组合而成。DevOps 重视软件开发人员和运维人员的沟通合作，通过自动化流程来使得软件构建、测试、发布更加迅速和可靠，即做到持续交付。

DevOps 比云原生的概念出现得更早，没有云原生，同样可以实现软件自动化的构建、测试和发布流程。但在笔者看来，云原生出现之后，迅速地囊括了 DevOps 的理念和技术，作为云原生重要的组成部分。前面我们讲到，云原生构建应用的方式与传统方式完全不同，但无论哪种构建应用的方式，都必须依赖可靠、可重复的流水线，快速进行软件生产，以提升应用效率和软件交付效率。这就是 DevOps 在云原生中的位置。

持续交付可以让软件交付变得更快、更频繁，即随时都可以发布。要确保效率，就只能交付得更快，但交付更快的前提是确保质量。要实现 DevOps 中的持续交付，需要满足以下三个条件。

第一，自动化构建。很多开发者觉得已经做了自动化并持续集成了，但是如果你在构建上不够自动化，也不够及时，那就谈不上测试或集成。

第二，自动化测试。构建后的产物肯定要测试，可能是功能测试、性能测试或压力测试。测试是为了达到预期质量，但也要根据情况去做自动化，因为只有自动化才能提高效率。

第三，持续集成。流水线只有重复、快速、频繁地运行，才能发现问题、解决问题。

在软件行业，做到以上三点，才能达到持续交付的目标。

需要注意的是，业内对 DevOps 并没有完全统一的认知，很多公司把自己的内部上线平台也说成是自己构建的 DevOps。当客户问到我们此 DevOps 和彼 DevOps 有什么差异的时候，一定要学会甄别。

13.5　AIoT

人工智能和物联网都是近几年非常热门的领域。AIoT 是这两者的结合，AIoT（人工智能物联网）=AI（人工智能）+IoT（物联网）。AIoT 融合了 AI 技术和 IoT 技术，通过物联网产生并收集来自不同维度的、海量的数据存储于云端和边缘端，再通过大数据分析，以及更高形式的人工智能，实现万物数据化、万物智联化。物联网技术与人工智能相融合，最终追求的是形成一个智能化生态体系，在该体系内，实现不同智能终端设备之间、不同系统平台之间、不同应用场景之间的互融互通。

随着 AI、IoT、云计算、大数据等技术的快速发展及在众多产业中的垂直产业落地应用，AI 与 IoT 在实际项目中的融合落地变得越来越多。AIoT 作为一种新的 IoT 应用形态，与传统 IoT 的区别是：传统的 IoT 是通过有线和无线网络，实现物—物、人—物之间的相互连接，而 AIoT 不仅是实现设备和场景间的互联互通，还要实现物—物、人—物、物—人、人—物—服务之间的连接和数据的互通，以及人工智能技术对物联网的赋能，进而实现万物之间的相互融合，使得用户获得更个性化的使用体验和更好的操作感受，即让用户获得安全、简单、便捷、舒适的体验。

无论是 AI 还是 IoT，都离不开一个关键词：数据。

数据是万物互联、人机交互的基础。AI 的介入让 IoT 有了连接的"大脑"。同样，归功于当前存储技术的发展，数据有了基本的"后勤保障"。云服务的快速扩张则让数据有了发挥价值的物质基础。

在国内，阿里、百度、小米、OPPO 等巨头纷纷在 AIoT 领域有大动作。雷军曾公开表示，AIoT 就是万物智慧互联，就是超级互联网，赢得了 AIoT，小米就赢得了未来。

现在遇到的客户经常会有大量物联网设备，我们必须了解 AIoT，我们的解决方案中也早晚需要融入 AIoT。

13.6 数字孪生

数字孪生是近几年数字经济领域关注的重点。全球著名 IT 研究机构 Gartner 曾在 2017—2019 年连续三年将数字孪生列为十大新兴技术之一。在我国，信通院等研究机构相继发表了相关的白皮书，我国的政府主管部门和企业也十分关注数字孪生技术。如果我们服务的客户致力于数字经济、数字化转型等方向，我们就必须要了解数字孪生相关的知识。

2018 年，Gartner 在十大新兴技术专题中对数字孪生的解释是：数字孪生是现实世界实物或系统的数字化表达。随着物联网的广泛应用，数字孪生可以连接现实世界的对象，提供其状态信息，响应变化，改善运营并增加价值。

本质上来说，数字孪生是物联网、大数据和 AI 的一种综合应用。

除了通过物联网连接"物"，数字孪生连接的对象还有更多。"随着时间的推移，我们这个世界的万事万物几乎都可以与其数字对象动态地相互连接，并能够基于 AI 实现高级仿真、运营和分析。"Cearley 指出，"从长远来看，从事城市规划、数字营销、医疗保健和工业规划的专业人士都将在向集成的数字孪生世界转型中获益。"例如，未来的人类数字模型可以提供生物识别和医疗数据，而整个城市的数字孪生模型将能够实现高级模拟。

数字孪生的基本特征是虚实映射。通过对物理实体构建数字孪生模型，实现物理模型和数字孪生模型的双向映射。构建数字孪生模型不是目的，而是手段，需要通过对数字孪生模型的分析与优化，来改善其对应的物理实体的性能和运行效率。

可以创建任何物理实体的数字孪生模型，一个零件、一个部件、一个产品、一台设备、一把加工刀具、一条生产线、一个车间、一座工厂、一个建筑、一座城市，乃至一颗心脏、一个人体等。对于不同的物理实体，数字孪生模型的用途和侧重点差异很大。

数字孪生技术在各个行业和领域都有广泛的应用场景，如航空航天、电力、汽车、石油、天然气、健康医疗、船舶航运、城市管理、智慧农业、建筑建设、安全急救、环境保护等。数字孪生在制造业的应用前景广阔，产品的数字孪生应用覆盖产品的研发、工艺规划、制造、测试、运维等各个生命周期，可以帮助企业推进数字化营销和自助式服务，有助于企业提升维护服务收入，创新商业模式；数字孪生在工厂设计、建造、生产线调试、安装、工厂运行监控、工业安全等方面都可以给企业带来价值；数字孪生在供应链管理领域也有应用，如车间物流调度、运输路径优化等。

需要注意的是，在数字孪生的实际应用中，不可能也没有必要盲目追求所有数字孪生模型的"高保真"，因为保真度的提升意味着构建数字孪生模型的难度和成本的大幅度提升，同时对数字孪生模型进行分析的复杂性和耗时也会迅速攀升。数字孪生模型越复杂，也就越难以实现虚实映射的实时性。而在实际应用中，对所有零部件的多物理场都进行复杂的三维仿真耗时很长，通常进行降阶处理，通过一维仿真对产品的整体性能进行分析。因此，企业需要根据实际应用需求和性价比来选择构建不同保真度的数字孪生模型。

13.7 智慧城市

智慧城市（Smart City）是指利用各种信息技术或创新概念，将城市的数据、系统、服务打通和集成，以提升资源运用的效率，优化城市管理和服务，改善市民生活质量。对于售前来说，如果主要服务于政府行业，必须要重点关注智慧城市领域的发展。

智慧城市是把云计算、大数据、互联网、人工智能、区块链等技术充分运用在城市中各行各业，并基于知识社会实现城市有机体不断创新，是一种城市的高级形态。智慧城市实现了信息化、工业化与城镇化深度融合，有助于缓解"大城市病"，提高城镇化质量，实现精细化和动态管理，改善市民生活质量。

2008年11月，在纽约召开的外国关系理事会上，IBM第一次提出"智慧地球"这一理念，进而引发了世界范围内智慧城市的建设热潮。

2009年，迪比克市与IBM合作，建立了美国第一个智慧城市。利用物联网技术，在一个有6万居民的社区里将各种城市公用资源（水、电、油、气、交通、公共服务等）连接起来，监测、分析和整合各种数据以做出智能化的响应，更好地服务市民。迪比克市的第一步是给所有住户和商铺安装数控水电计量器，其中包含低流量传感器技术，防止水电泄漏造成的浪费。同时搭建综合监测平台，及时对数据进行分析、整合和展示，使整个城市对资源的使用情况一目了然。更重要的是，迪比克市向个人和企业公布这些信息，使他们对自己的耗能有更清晰的认识，从而对可持续发展有更多的责任感。

欧洲的智慧城市更多关注信息通信技术在城市生态环境、交通、医疗、智能建筑等民生领域的作用，希望借助知识共享和低碳战略来实现减排目标，推动城市低碳、绿色、可持续发展，提升能源效率，应对气候变化。

韩国以网络为基础，打造绿色、数字化、无缝移动连接的生态和智慧型城市。通过整合公共通信平台，以及无处不在的网络接入，消费者可以方便地开展远程教育、办理税务，还能实现家庭建筑能耗的智能化监控等。

新加坡通过积极应用物联网等新一代信息技术，建设成为国际化智慧城市。在电子政务、服务民生及泛在互联方面，新加坡的成绩引人注目。其中智能交通系统通过各种传感数据、运营信息及丰富的用户交互体验，为市民出行提供实时、适当的交通信息。

在我国，由于政府的强力支持，智慧城市这几年发展得如火如荼。改革开放 40 多年以来，我国城镇化建设取得了举世瞩目的成就，尤其是进入 21 世纪后，城镇化建设的步伐不断加快，每年有上千万的农村人口进入城市。随着城市人口不断膨胀，"城市病"成为困扰各个城市建设与管理的首要难题，资源短缺、环境污染、交通拥堵、安全隐患等问题日益突出。为了破解"城市病"困局，智慧城市应运而生。由于智慧城市综合采用了包括射频传感技术、物联网技术、云计算技术、下一代通信技术在内的新一代信息技术，因此能够有效地化解"城市病"问题。这些技术的应用能够使城市变得更易于被感知，城市资源更易于被充分整合，在此基础上实现对城市的精细化和智能化管理，从而减少资源消耗，降低环境污染，解决交通拥堵问题，消除安全隐患，最终实现城市的可持续发展。

需要注意的是，国内的智慧城市建设有多个流派，比如阿里巴巴提出的"城市大脑"，已经在杭州等多个城市落地；百度的优势在于"智慧交通"，其相关解决方案已经被北京、重庆、广州等大城市采用；海康威视、大华等有深厚视频技术积累的厂商，其切入点是智慧公安、雪亮工程、智慧交通等。

智慧城市建设成功需要具备两个关键要素：一是数据的打通，二是人的参与感与获得感。智慧城市的场景不能闭门造车，而是必须贴近老百姓和企业的实际需要，否则花费巨大代价实现的场景，没有人去用，那智慧城市建设的效果就会大打折扣。

在智慧城市领域，许多厂商制造了很多高大上的概念，一些读者容易被这些概念所迷惑，但笔者认为建设智慧城市，最重要的评价标准还是"人"的参与感和幸福感。

13.8 区块链

2008年10月31日，网络上一位叫"中本聪"的人发布了《比特币白皮书》，提出了"一种完全通过点对点技术实现的电子现金系统，它使得在线支付能够直接由一方发起并支付给另一方，中间不需要通过任何金融机构"，也就是所谓去中心化的支付系统，同时对"哈希函数、分布式账本、区块链、非对称加密、工作量证明"等构成区块链的技术进行了说明。直到现在，也没有人知道"中本聪"究竟是谁——究竟是一个人还是一个组织，但他被公认为比特币的发明人，也是提出区块链概念的第一人。

区块链早晚都会诞生，但出现于2008年，这或许不是巧合。2008年，美国金融危机的多米诺骨牌倒下，引发了全球的金融危机。很多人被洗劫一空后，患上了"创伤后遗症"，他们觉得银行不可靠，交易所不可靠，信托券商不可靠……金融机构的权威性降到了最低。总而言之，人们觉得金融机构不再可信了，这是当时的一种"共识"。这种不信任的"共识"最终演变成了强烈的不满情绪，引发了后面的"占领华尔街"运动。

在这种背景下，"区块链"出现了。它能通过复杂的算法，使得各个数据节点具备匿名、可追溯、不可篡改、公开透明等特点。它的理念是，建立信任的唯一办法是不信任何人，不信任何机构，只相信技术。于是，市场中又形成了一种新的共识，那就是通过区块链技术，我们可以重建信任。

从应用的角度来看，区块链给我们提供了一种以任意规模、不需要中间人就可以与全球范围内任何组织和个体连接、协作、交易的可信方式。

区块链诞生后，发展非常迅速。2009—2013 年，比特币挖矿和交易逐渐在全球形成气候，基于比特币交易的区块链技术也受到全球金融巨头的关注。但最初的几年，区块链主要应用于数字货币领域，市场上出现了以太坊、莱特币等较为流行的加密货币品种。

进入 2015 年后，在金融、物流、零售等领域中，先行者开始探索基于区块链的创新应用。这些区块链的探索者看到了区块链的三个主要效用。

第一，减少商业摩擦，其实就是发挥区块链共享、不可篡改的数据库特点。如果多利益主体方都共享同一本账，自然就比较少扯皮，这很容易理解。比如，如果在物联网和人工智能解决方案中引入区块链，就会变得更透明、可追溯，也更容易商业化，从而带来价值创造的全新方式。

第二，给非标商品定价。在区块链中，通证（token）可以代表任何商品，而且流动性极高。一个市场的流动性越高，供需越分散，对商品的定价效率就越高、越精准。

第三，大规模分布式协同。分布式协作组织（Distributed Collaborative Organization，DCO）通过通证来进行贡献确认，更加客观、公平。基于区块链的分布式商业有机会构建一个比传统互联网企业更大的协作网络，并以低得多的成本运行。

基于这三个效用，我们可以得出结论：与人工智能、大数据等带给我们生产力的解放的技术力量相比，区块链是一个从一开始就要改造"生产关系"的技术。区块链不仅可以链接人，还可以将智能设备变成协作个体，基于这种技术，我们将有机会形成一个几乎无限节点的经济协作网络，它所产生的价值可能会大大超出我们现有的互联网平台企业所能够产生的价值。

区块链之所以是"生产关系"层面上的深刻变革，是因为它具有以下几个特征：

1）去中心化。区块链技术不依赖额外的第三方管理机构或硬件设施，没有中心管制，除了自成一体的区块链本身，通过分布式核算和存储，各个节点实现了信息的自我验证、传递和管理。去中心化是区块链最突出、最本质的特征。

2）开放性。区块链技术基础是开源的，除了交易各方的私有信息被加密外，区块链的数据对所有人开放，任何人都可以通过公开的接口查询区块链数据和开发相关应用，因此整个系统信息高度透明。

3）独立性。基于协商一致的规范和协议，整个区块链系统不依赖其他第三方，所有节点都能够在系统内自动安全地验证、交换数据，不需要任何人为的干预。

4）安全性。只要不能掌控全部数据节点的51%，就无法肆意操控、修改网络数据，这使区块链本身变得相对安全，避免了人为的数据篡改。

5）匿名性。除非有法律规范要求，单从技术上来讲，区块链上各个区块节点的身份信息不需要公开或验证，信息传递可以匿名进行。

区块链具有这几个特征，恰好能解决传统互联网本身的一些痼疾。因此，区块链一诞生，就结合互联网的在线化、网络化、互动性，以燎原之势蔓延开来。

在区块链迅速发展的背景下，我国顺应全球化需求，紧跟国际步伐，积极推动区块链的相关领域研究、标准制定以及产业化发展。央行、工信部、银监会、证监会、证券交易所等金融主管部门，地方政府，以及阿里、腾讯、百度等公司，都开始推动区块链技术的落地。

大众对区块链仍持有怀疑和观望的态度，但假以时日，它很可能像今天的互联网一样，成为技术革命的底层基础设施与重要的推动力量。当区块链与实体经济结合，落地到真实的需求场景，不再是空中楼阁，不再是无源之水时，一定能让生活变得更加美好。

但区块链的推广绝不会一帆风顺，主要体现在：第一，对于大众来说，难以理解区块链中包含的复杂技术，也就没有参与的兴趣；第二，区块链的去中心化组织模式与传统的社会组织模式之间存在天然的、难以调和的矛盾；第三，近些年围绕加密数字货币的争论，尤其是一些"空气币"以区块链的名义"割韭菜"的行为，让人们对区块链敬而远之。因此，对于区块链的未来，我们可能还需要更多的耐心。

13.9 零信任

在线下管理流程中，我们主要通过对职务高低、关系亲疏程度的判断，结合业务流程设定，来建立基本的信任基础，推动合作。但在网络上，我们无法见到一个个真实的人，需要建立一种几乎不信任任何人的业务模型，尤其是当网络上接入新设备时。毕竟，网络攻击者致力于寻找任何可以利用的漏洞。零信任架构作为一种新兴安全模式，以信任评估为基础，强调动态信任，为网络信任体系的建设和应用提供了新的思路。零信任被用于数据、应用程序和用户访问级别的网络安全控制，它的出现让每一个设备、每一个事务、每一件事情都必须得到验证。

零信任架构最初是由全球权威咨询机构 Forrester 在 2010 年提出的一种网络安全模型，区别于传统安全方案只关注边界防护，它是一种更关注数据保护的架构方法。如果用一句话来概括零信任的核心理念，那就是"从不相信，永远验证"。

2021 年 5 月，Forrester 发布了《New Tech: 2021 年第二季度零信任网络访问》报告。报告指出，随着企业数字化转型的深入和后疫情时代的来临，远程访问常态化发展，促使企业需要开放更多业务，以方便各种人员使用各种设备在任何时间、任何地点进行访问。多类远程访问场景无疑产生了大量的、复杂的访问需求，加剧了企业网络的打开与延伸，网络边界越来越模糊。以 VPN 接入为主的现有边界安全产品在端口开放、多维认证、细粒度权限、自身安全防护等方面均存在不足，难以应对安全挑战。为应对挑战，企业要寻求更安全的解决方案，零信任网络访问（ZTNA）已成为标志性的安全技术。国内知名的安全厂商如奇安信、深信服、腾讯安全等，都已经在零信任安全领域有成熟的产品和解决方案，并且这一领域正在飞速地发展中。

13.10 低代码

近两年，大家对低代码有各种争论。作为技术人员，无论有多么抵触，或担心低代码对我们的冲击，低代码的时代都确确实实地到来了。

2021 年 5 月 26 日，微软在 Build 大会上发布了一个让初级开发者感到震惊的消息，宣布将超级自回归语言模型 GPT-3 集成到 Power Apps 中，以进一步提升应用程序开发效率，使得用户通过使用自然语言就能编写程序，而无须精通任何编程语言。Power Apps 是微软低代码平台 Power Platform 的重要组成部分，已被数以万计的企业用户使用并深受好评。这意味着那些没有任何编程经验的业务人员，也能像专业程序员一样开发出自己想要的任何应用程序。

GPT-3（Generative Pre-trained Transformer 3）是目前市场上功能最强大的自然语言处理模型，最初是由 Open AI 团队基于 Google 开发的变换语言模型演变而来的。2019 年，微软对 Open AI 进行了 10 亿美元的巨额投资，从而获得了 GPT-3 独家授权。

云平台提供的各种便利的基础设施服务，再加上打包一个所见即所得的可视化低代码平台，别说是普通程序员，就是整个 IT 业可能都会受到巨大的冲击。

GitHub 的 CEO Nat Friedman 在 Hacker News 上写道："软件开发正迎来自己的'第三次工业革命'。第一次工业革命是编译器、调试器、垃圾收集器及语言等工具的出现，极大提升了开发者的工作效率；第二次工业革命则以开源为契机，全球开发者社区得以汇聚起来，并在彼此的开发成果基础上不断推进；第三次工业革命就在现在，业界尝试在编程中使用 AI 技术。"

Open AI 的 CEO Sam Altman 预测程序员的身价将会下降："AI 会让那些在电脑前工作的人，身价掉得比在物理世界里工作的人还要快，这和大部分的预期完全相反。"

笔者预测低代码的发展趋势如下：

- 与云计算结合,让用户像使用水电气一样,触手可及。
- 深度融合 AI,尤其是自然语言处理能力,低代码平台会变得越来越智能,越来越便捷。
- 实现跨平台功能,一次编写,处处运行。

实际上,有远见卓识的传统 IT 企业已经在拥抱低代码。2021 年 6 月 3 日,国内最大的企业管理软件供应商用友以 1.51 亿元全资收购 APICloud [柚子(北京)科技有限公司]。收购完成后,用友将 APICloud 的低代码技术融合到自己的 YonBIP 产品矩阵中,深度赋能开发者生态,进一步提升用友产品的开发能力,以帮助用户加速数字化转型进程。

13.11　本章小结

IT 领域可能是技术和商业模式革新最快的一个行业。本章列举的大数据、人工智能、云原生、区块链、低代码、智慧城市、零信任等,只不过是这个领域的冰山一角。作为售前从业者,唯有保持终身学习的心态,掌握正确的学习方法,在某一个领域里不断钻研,成为专家,并同时对其他领域的发展保持敏锐的嗅觉,拥有广博的知识,才可能在这个行业里长期生存下去。

第 14 章
售前工作中常见的误解

在我们的职业生涯中，踩坑、走弯路是再正常不过的事了。笔者希望用这些亲身经历，让读者尽量提前识别出这些坑来，少走弯路。

14.1 唯技术论

很多刚入行的售前对自己的定位就是销售的"技术助理"，销售让我做什么就做什么，认为只要充分了解了公司的产品，帮助销售做好交流、投标、报价单、写材料等，就可以了，至于客情关系等其他的事情，那是销售应该关心的。

这样的人永远只能做一些基础性的工作，做一个初级售前。

售前其实恰好属于技术和销售的结合，既需要技术功底，又需要沟通能力、方案能力、资源整合能力等。售前需要的是一种跨界的组合能力，对于售前的能力要求详见第 2 章。其实不光是售前，职场有很多岗位，拥有足够的认知宽度和复合能力模型的人可以独当一面，这样的人在大部分公司里都是非常受欢迎的。

当你在某个领域深挖遇到瓶颈、难以持续的时候，如果能打开认知宽度，从横向的角度去突破，也许你会发现在别的地方蕴藏着大量的机会，职场前景也会豁然开朗。

你首先要成为一名技术专家，但永远不要局限于技术专家。走出"唯技术论"的窠臼，拒绝平庸，追求卓越，才是一名售前应该有的态度。

14.2 老板说：没有一家公司是在产品完全成熟之后才开始销售

网上流传这样一个段子：

诸葛亮从来不问刘备，
为什么我们的箭那么少？
关羽从来不问刘备，
为什么我们的士兵那么少？
张飞从来不问刘备，
兵临城下我该怎么办？
于是——
有了草船借箭，
有了过五关斩六将，
有了据水断桥吓退曹兵……

老板们喜欢用这段话来说明积极主动工作的重要性，能自己创造机会、自己打胜仗的员工才是好员工。老板可能也会说这样的话："没有一家公司是在产品成熟之后才开始销售的。"产品都是在市场的客户反馈中逐渐成熟起来的，这是一个非常具有迷惑性的观点，很多销售和售前给自己打气的时候，也会重复这样的说法。

这种说法确实有一定的道理，没有任何一家公司的产品是完全成熟、没有瑕疵的，就连几千名程序员花好几年时间开发出来的 Windows 操作系统也经常需要打补丁升级。但是我们也不能忽略产品在市场销售过程中的重要性，不妨换个角度来看这个问题：

售前工作的本质是什么？是技术型的销售。

销售什么？销售公司的产品。

如果我们销售给客户的是过时的产品、不匹配客户需求的产品、不成熟的产品、问题太多的产品，本质上是不是在欺骗客户？

当我夸夸其谈自己都不相信的产品时，会有什么感受？

如果我们把这样的产品卖给了客户，我们如何说服自己？又如何说服客户？

如果我们把这样的产品卖给了客户，我们还能有下一次的销售机会吗？

所以我的建议是：选择公司的时候，能否学到东西，帮助自己成长，上升到一个更高的台阶是最重要的。但是产品也绝不是可以忽略的因素，它非常重要。你最好选择市场上较为领先、比较成熟的产品，一方面是对你的客户负责，另一方面也是对你自己负责——这样的产品会让你在面对客户的时候更有底气、更加自信，你的工作也才会更加顺利、更加有成效。

那么，如何才能判断自己即将加入的公司，其主打产品的水平如何呢？其实 IT 这个圈子并不大，你如果在某一个行业待久了，自然就会清楚哪些公司有比较扎实的好产品；你在公司的官网上也可以看到其宣传的客户列表；你在面试的时候，也可以向技术面试官详细询问产品的一些问题；你也可以从侧面，比如这个公司的内部人员打听他们的产品究竟如何。

没有完美的产品，但是有相对好的产品，重要的是自己的思考和判断。

14.3 客户说：请尽快给我一份方案

很多时候我们会遇到一个问题：一个客户才第一次见面，就问我们要一份技术方案。这个时候，我们就会陷入两难的境地。

给吧，这个时候还不完全了解客户的需求，给出来的东西很可能因为不切合客户的实际而被打上"不接地气"的标签。况且这个时候客情关系可能还没有确认，给出来的材料说不定给别人做了嫁衣，或者成了别的厂商的"靶子"。

不给吧，客户是不好得罪的。一旦客户认为我们的支持不给力，可能就把我们排除出候选队伍了。

该怎么办？

首先问清楚客户此时要方案的目的，如果客户想了解一下行业内对类似需求是如何解决的，或者给领导汇报项目的思路，那还是可以给的，但是要注意方案的粒度不要太细。

如果客户说不清楚要方案的目的，这个时候就要谨慎点了。可以告诉客户在目前不了解客户需求的前提下，给出来的方案很可能不符合客户的需要，请客户多给自己一些时间，比如约定在下次详细交流后再出方案。如果实在推脱不掉，可以先给出一份粗粒度、缩减版的方案。后续在和客户交流的时候，再把方案里隐藏的细节和优势当面讲出来。

同样，如果客户第一次碰面就让你提供一份报价，这个时候就需要销售判断客户提这个要求的目的是什么。是初步了解项目的成本，还是先筛掉报价过高的供应商，或者向他心仪的供应商透露竞争对手的价格？除非得到公司和销售的授权，售前千万不要给客户报价，而是应该由销售来做这件事情。销售在准确判断客户意图的基础上，单独和客户沟通价格，而不是客户一提要求，马上就把价格列表发过去。

总而言之，销售和售前对于客情关系的判断力显得非常重要。如果售前自己无法做出准确的判断，一定要参考销售的意见。

14.4　合作伙伴说：我这里有一单两个亿的大生意

市场是一张巨网，有些客户我们未必能直接触达，而是通过网络中与客户更近的节点来间接触达的。许多项目都是数家公司形成一个利益共同体，在商务和技术层面上合作，一起拿下来的。

所以，可靠的合作伙伴是我们的宝贵财富。但与合作伙伴的协同过程中，特别考验对合作伙伴的把控能力，如果控制不好，就会落得鸡飞蛋打的局面。

笔者曾经有过一次非常惨痛的教训。在一个市级政务数据资源平台项目中，我们公司和一家大厂合作，事先双方的高层讲好了，大厂作为总包，项目拿下后，数据平台的核心产品和服务让我们公司来交付实施。为了配合大厂拿下这个项目，我们公司投入了两位售前，驻场四个月，写了一版又一版的方案，作为整体方案的一部分提供给这家大厂。最后大厂如愿以偿地拿下了项目，却一转头把和我们的协议"忘了"，把承诺要给我们的蛋糕自己吃了下去。而后续项目的交付实施，其技术路线完全执行的是我们提出的方案。当然，这个教训发生的主要原因是商务上的失控，但售前在其中却受到了莫大的伤害。在项目复盘的时候，售前向公司提出以下建议：

第一，下次遇到这种合作，双方能否在公司层面上签署有法律效力的正式协议。

第二，如果不得不给客户或合作厂商提供方案，能否根据风险评估的结果，让售前隐藏一些技术细节，稍微写得粗略些。

第三，下次如果出现这种情况，应该在公司内部追责。

可能每周你都会接到大量合作伙伴传递过来的信息，有些是销售传递过来的，有些是公司层面传递过来的，甚至有些是直接找到你的。不要急于投入资源，先问清楚以下几个问题：

- 这个合作伙伴过去的历史表现是怎样的？
- 公司实力如何？
- 双方互补的点在哪里？
- 风险点在哪里？如何控制风险？

问清楚了这几个问题，再进入实质性的合作也不迟。

14.5 变身甲方的诱惑

做售前，就是妥妥的乙方身份，我们是为甲方客户服务的。

成为甲方是很多乙方从业者的梦想，因为进了甲方代表着权利，进入甲方的诱惑，是大多数乙方员工无法拒绝的。因此就算可能刚进甲方的待遇不如在乙方，就算是降级，很多人也愿意。

现实要是这么简单就好了。

笔者也有些进入甲方的朋友，有的在证券公司，有的在银行做技术管理，还有的考上了公务员，在政府的信息化管理部门工作。笔者经常和他们聊天，他们的反馈表明在甲方工作并没有那么轻松，各种 KPI 考核甚至比在乙方更甚。至于和乙方合作的项目，在和乙方沟通的过程中，他们的确占据甲方的优势，但项目如果做不好，他们承担的责任只会比乙方更大。

放眼望去，你会发现，社会上的大多数行业都是服务业。要么服务好你的外部客户，要么服务好你的领导，要么服务好同事，对象不同而已，都需要一种乙方的心态。说白了，市场没有真正意义上的甲方。

而且，根据笔者的观察，很多乙方公司的薪资比起甲方更高。

所以，往甲方跳？想清楚了再跳。

14.6　只要能拿单，牛皮吹破天

市场人员常常承担着巨大的销售压力。为了签单，有些销售和售前会夸大公司的能力，如夸大产品的功能、夸大案例的效果等。

笔者认为，适度的包装无可厚非，但是如果牛皮吹破天了，会大大提升客户的预期，导致签下无法交付的项目。

笔者服务过的公司里曾经有一位销售，他签单的项目可能五个有四个都无法正常交付。到了最后，所有的项目经理都不愿意接手他的客户。

笔者前面阐述过，售前是销售的军师、老师和刹车。关键时刻，我们这个刹车要发挥作用。售前心里一定要有一个天花板意识，方案包装到什么程度就不能再吹牛了，否则就交付不了了。这根弦一定要绷紧，否则即便你签下来单子，无法交付，久而久之，在公司里也待不下去。

14.7　售前和销售不离不弃

在 IT 公司待久了，你就会发现，在公司里销售好像总是换来换去，而技术岗位相对稳定一些。

原因不难理解，公司招一个销售进来，不会无限度地给他时间，现在的 IT 公司招销售的时候往往都要求带着客户资源，甚至带着项目。公司给销售的期限通常是半年时间，一般不会超过一年，在这个时间内，必须有实质性的签单。而如果销售在面试过程中掺的水比较多，或者运作项目的过程中有什么闪失，时间一到没能签单，就会面临被迫走人的命运。

而通常被归为技术岗位的售前承担的市场压力相对较小。售前和销售之间，很多时候只是一个阶段性的工作配合关系，要有必要的界限感。

还是说一个例子。笔者工作过的一家公司，售前和销售关系非常好，是一对黄金搭档，也帮公司拿下来一些项目，但后来他们进入了"禁区"，触碰到了公司的"红线",损害了公司的利益,甚至导致了法律风险,结果双双被公司辞退。

当然,这也看你如何定义和销售的关系,如果是定位为长期的事业合作伙伴,甚至是朋友,保持一种亲密无间的关系也未尝不可。但大多数时候,销售和售前只是一种阶段性的工作关系,售前最好不要对销售的商务运作介入太深,更不能挑战公司的底线甚至法律的红线。

14.8 客户是我哥们

客户永远是客户。这句话并不是说客户永远是对的,而是说指客户和我们之间,无论怎样互相信任,哪怕建立了私人的良好关系,也要保持一种界限感,永远把客户看作我们服务的甲方对象。再说了,我们把客户看作哥们,但客户可能只是把我们当作众多供应商之一。在这方面一旦误判,就会带来不必要的尴尬。

笔者曾经有一位同事,非常懂大数据,但是对于他和客户之间的关系常常有严重的误判,在交流过程中,他曾经有如下这些表现:

1)经常在客户面前议论其他供应商的不好。在没摸清楚客户支持哪一家供应商之前,就在客户面前诋毁别的厂商,极有可能把自己暴露于被攻击的火力之中。

2)在客户面前主动谈论一些主观性很强、容易引发分歧的话题,如中医、转基因等。说者无心听者有意,你不知道哪一句话就惹恼了客户。

这些行为都可能引起客户的心理警觉,甚至反感,从而影响到项目的推进。

实际上每一个人心里都有一个安全距离,外人一旦逾越这个安全距离,对方就会感到自己的领地被侵犯,从而产生不安全感和排斥感。在工作场合,这种安全距离能相对明显地感受出来。但在私人场合,比如请客户吃饭的场合,很多人就不注意保持这种安全距离了。在我们的商业环境中,很多人喜欢和客户称兄道弟，但是别忘了，客户永远是客户，给客户足够的安全感、自主感、距离感，是我们做市场工作时需要注意的地方。

14.9　本章小结

好走的路都是下坡路。售前这条职业道路上，我们也会遇到很多坑，包括一些似是而非的忽悠、一些不靠谱的人、一些不靠谱的项目、偶然的失误等，这些都是不可避免的。擦亮双眼，保持冷静，用常识去面对，小心地绕过。即便没有绕过去，跳到坑里了，也不要害怕，争取机会爬上来。

后　　记

笔者从事 IT 行业多年，根据观察，行业里优秀的售前其实是很紧缺的。笔者没有找到可靠的渠道去统计整个行业究竟有多大的人员缺口，但现实中，确实各个公司对优秀的售前都求贤若渴。因此，售前如果能做到优秀，往往能为自己博得一份可观的收入，如果能精心地规划自己的职业生涯，在这个岗位上做到四十岁甚至五十岁，也并非不可能。相比较而言，售前的职业生涯比起开发等岗位的确要更长一些。但请注意，这里说的是优秀的售前，而不是普通的售前。

前面我们已经反复阐述过，售前这一行，入门容易，做到优秀很难。

做一个普通的售前很简单，但是要做一个好的售前很难。一个优秀的售前需要主观能动性、学习能力、整合资源的能力非常强，演讲、写作、业务知识、技术知识、项目管理、责任心、抗压能力等综合素质非常高。当然，还有必不可少的就是用业绩说话。

特别需要注意的是，即便自己已经成长为一名优秀的售前，成为公司的顶梁柱，但技术的快速发展，行业的不断变化，我们与客户之间认知落差的快速消弭，都对我们提出了更高的要求，因此，在售前这条道路上是永远没有止境的。

本书作者从事多年的售前和相关的团队管理工作，在自身经验的基础上，加上行业内众多老师的无私指导，凝结成这本书。

由于作者水平有限，书中的案例和理论未必适用于每个人，请读者仔细甄别，挑选对自己有用的部分参考。

愿你我共勉，拥有一段精彩的职业生涯！